物流自動化設備入門

尾田 寛仁

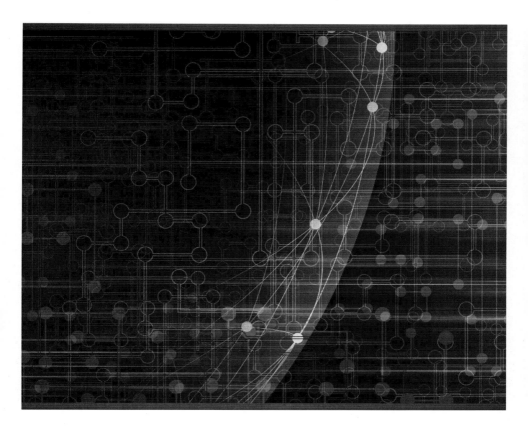

三恵社

はじめに

　物流は、ロジカルな仕事です。一方、物流のやり方にはいろいろな解法があります。どの解法も正解という側面を持っています。短期的には、対象範囲を決めて、投資とコストを評価することになります。従って、サービスレベルと品質と安全が同じならば、総コストが安価な方が、評価が高くなります。

　長期的に見た時に、最適解は何かということです。経営環境が変化する中で、制約になることが変わります。現時点で最適解と思うことが、長期的にも正しいことなのかどうかです。当初は高い投資額ではあっても、人には代えがたいということでしたら、高い投資額でも長期的には評価されることでしょう。

　経験的にわかっていることは、物流システムや設備、運営の構造がどうなっているのかに着目することです。そして、サプライチェーンに係る社会全体と個別企業の構造を変えてみることです。ビジネスの成功者は、既存の仕組みに対して果敢に構造の変革に挑戦しています。

　皆が注目している日本の経営環境の中で、少子化・高齢化に伴う人口減少と労働力不足があります。アジア諸国の多くが今後とも人口増加する中で、日本の人口は2050年迄に3,000万人減少すると予測されています。労働力も産業を支える構造の一つです。

　生産性は何が課題なのかを物流の現場で見ますと、従来通りの生産性向上施策で、今後ともやっていけるのでしょうか。人が作業を行う限り、精緻にやりますと、生産性は向上します。しかし、対象とする作業が、人を介するという構造を前提にしている限り限界があります。

　技術的な展望から、現在行っています物流マネジメントや作業を見直しします とどうなるでしょうか。ＩｏＴ(internet of things)をベースにしてビッグデータ(BD)化や、ＡＩ(artificial intelligence)とロボット化が進んでいます。技術革新の本柱として、物流におけるＡＩ化やロボット化の道筋を描きたいと考えています。

2017年9月1日記　尾田寛仁

目次

第1章　物流自動化設備のケーススタディ・・・・・・・・・・008
　第1節　物流設備の技術的な特徴・・・・・・・・・・・・008
　　　　1．ケーススタディの物流設備概要・・・・・・・・008
　　　　2．自律分散型制御システム・・・・・・・・・・・016
　第2節　ケースピッキングの設備自動化・・・・・・・・・018
　　　　1．ケースピッキングの自動化フロー・・・・・・・018
　　　　2．ケース自動化設備の制約事項・・・・・・・・・018
　第3節　ピースピッキングの設備自動化・・・・・・・・・020
　　　　1．ピースピッキング設備自動化の開発背景・・・・020
　　　　2．ピッキングロボットの開発・・・・・・・・・・020
　　　　3．物流センターを取り巻く環境の変化・・・・・・022
　　　　4．ピースピッキング自動化設備の開発結果・・・・023
　第4節　物流設備自動化の安定稼働の課題・・・・・・・・026
　　　　1．検証の視点・・・・・・・・・・・・・・・・・026
　　　　2．新規にデジタルピッキング設備化・・・・・・・033
　　　　3．経済性・採算性・・・・・・・・・・・・・・・034

第2章　経営環境としての労働力問題・・・・・・・・・・・・040
　第1節　人口構造の変化・・・・・・・・・・・・・・・・040
　　　　1．日本の人口・・・・・・・・・・・・・・・・・040
　　　　2．アジアの人口とGDP・・・・・・・・・・・・・042
　第2節　物流業界・物流部門の位置づけと労働力・・・・・044
　　　　1．産業界の中での物流業界の位置づけ・・・・・・044
　　　　2．物流特有の問題・・・・・・・・・・・・・・・044
　　　　3．労働集約型産業の物流業と労働力不足の影響・・047

第3章　物流生産性・・・・・・・・・・・・・・・・・・・・048
　第1節　物流を評価する・・・・・・・・・・・・・・・・048
　第2節　日本と欧米の生産性の違い・・・・・・・・・・・051
　　　　1．日本のサービス産業のGDP比率は高く生産性は低い051

　　　　2．運輸・倉庫業に関する日米労働生産性比較・・・・・052
　　　　3．日本の労働生産性は米国に比べて低い理由・・・・・052
　　第3節　日用品業界に見る製・配・販の生産性・・・・・・・054
　　　　1．日米トイレタリーメーカーの物流構造比較・・・・・054
　　　　2．日米の取引条件の違い・・・・・・・・・・・・・056
　　　　3．日本と欧米の価格比較・・・・・・・・・・・・・057
　　　　4．企業間インフラ整備・・・・・・・・・・・・・・058
　　　　5．生産性向上のパラダイム・・・・・・・・・・・・060
　　第4節　卸売業の生産性向上を巡る諸問題・・・・・・・・・062
　　　　1．日用品サプライチェーン・・・・・・・・・・・・062
　　　　2．卸売業のサプライチェーンに関連する物流諸課題・・064
　　第5節　生産性向上・・・・・・・・・・・・・・・・・・・067
　　　　1．物流作業のムラ・ムリ・ムダの発見と改善・・・・・067
　　　　2．生産性を向上するには・・・・・・・・・・・・・069
　　　　3．生産性を上げる具体策・・・・・・・・・・・・・072
　　　　4．生産性向上のコツ・・・・・・・・・・・・・・・075
　　　　5．庫内作業の自動化による生産性向上・・・・・・・075
　　　　6．3Sの徹底・・・・・・・・・・・・・・・・・・077

第4章　物流技術の方向・・・・・・・・・・・・・・・・・・・080
　　第1節　物流技術の背景・・・・・・・・・・・・・・・・・080
　　　　1．構想力（ソフト）とハード・・・・・・・・・・・080
　　　　2．システム技術と要素技術・・・・・・・・・・・・081
　　　　3．時代の波・・・・・・・・・・・・・・・・・・・082
　　　　4．ＩＴ・・・・・・・・・・・・・・・・・・・・・083
　　第2節　ＩoＴからＡＩへの進展・・・・・・・・・・・・・087
　　　　1．ＩoＴ、ビッグデータ、ＡＩの関連・・・・・・・087
　　　　2．ロジスティクス情報システムの構造・・・・・・・093
　　　　3．ＩoＴ・・・・・・・・・・・・・・・・・・・・094
　　第3節　ＡＩ・・・・・・・・・・・・・・・・・・・・・・098
　　　　1．ＡＩの歴史・・・・・・・・・・・・・・・・・・098
　　　　2．ＡＩの種類・・・・・・・・・・・・・・・・・・100
　　　　3．ＡＩと人・・・・・・・・・・・・・・・・・・・100

　　　　　　4．ＡＩ開発の原則・・・・・・・・・・・・・・105
　　　　　　5．機械学習・・・・・・・・・・・・・・・・109

第5章　物流自動化設備・・・・・・・・・・・・・・・・・118
　　第1節　マネジメント・・・・・・・・・・・・・・・・118
　　　　　　1．マネジメント・サイクル・・・・・・・・・118
　　　　　　2．受注量と物量予測・・・・・・・・・・・・121
　　　　　　3．計画によるマネジメント・・・・・・・・・124
　　　　　　4．マネジメントのシステム化・ＡＩ化・・・・131
　　第2節　物流自動化技術・・・・・・・・・・・・・・・139
　　　　　　1．庫内作業の省力化・自動化対象設備機器候補・・・139
　　　　　　2．自動化の対象となる工程・・・・・・・・・140
　　　　　　3．ピースピッキング作業の自動化・・・・・・141
　　　　　　4．積み降ろし、積み付け、積込のロボット化・・154
　　　　　　5．自動化と非自動化の物流フロー・・・・・・157
　　　　　　6．輸配送システムの開発事項・・・・・・・・159

第6章　物流自動化設備投資・・・・・・・・・・・・・・・162
　　第1節　投資と売上・利益・・・・・・・・・・・・・・162
　　第2節　投資とファイナンス・・・・・・・・・・・・・164
　　　　　　1．投資・・・・・・・・・・・・・・・・・・164
　　　　　　2．投資の意思決定方法・・・・・・・・・・・165
　　第3節　自動化設備投資モデル・・・・・・・・・・・・172
　　　　　　1．投資モデルⅠ／物流センター自動化・・・・172
　　　　　　2．投資モデルⅡ／種蒔仕分のロボット化案・・181

参考図書・・・・・・・・・・・・・・・・・・・・・・・186

第1章　物流自動化設備のケーススタディ

第1節　物流設備の技術的な特徴

　花王堺物流センターは、1995年12月にケースとピースを自動的にピッキングする設備にしました。小売業や配送拠点（ターミナル）に出荷を開始して、設備保守や改修等をしながら、2017年の今日も稼働しています。
　堺物流センターの自動化設備をレビューします。

1．ケーススタディの物流設備概要
　堺物流センターを、入荷から出荷に至る中で、ケースピッキングとピースピッキングの自動化を図った事例として取り上げます。
　堺物流センターに先立って、ケースの自動化設備を開発・稼働した1984年当時は、ＩＴＦコードやＪＡＮコードは、まだ市場に普及していない時代です。その為に自社固有のコードとバーコードを商品のパッケージ（段ボール）に印刷しています。このバーコードをコンベア上のバーコードリーダーで読ませることで、ケースの行く先を決めています。今日、ＡＩが騒がれ、認識技術が格段に上がった時代から見れば、隔世の感があります。
　堺物流センターは、パレットやケースの入出荷設備の自動化とともに、ピース出荷に独自に開発したピッキングロボットを導入し自動化しました。
　ピースピッキング自動化設備は、取り扱う商品を、カートン（箱型）商品と、ボトル商品に分けています。その上で、カートン商品用のピッキングロボットとボトル商品用のピッキングロボットを導入しています。
　ピースピッキングロボットの対象にならない商品は、従来からのデジタルピッキング設備、又はマルチウィンドウ設備でピッキングします。
　出荷時に、ユニットローダーという配送車にケースやオリコンを機械的に積込ができる設備を導入しています。ユニットローダーは、積込時にかかる人手の負

第1節　物流設備の技術的な特徴

担を軽減し、出荷作業の効率化を図っています。
　堺物流センターのパレット入荷から商品出荷するまでの物流フローを、下図に示します。物流フローが、自動倉庫を中心に組み立てられています。

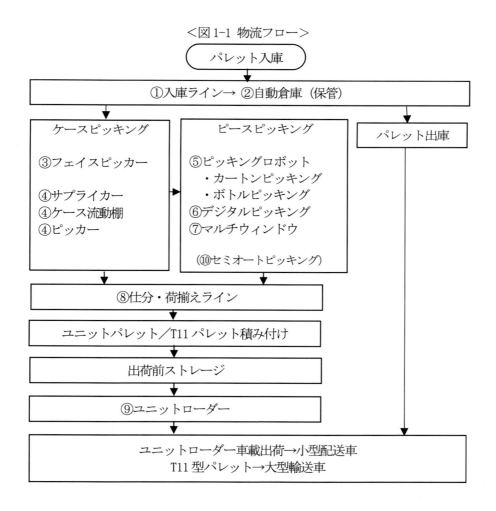

<図1-1　物流フロー>

第1章　物流自動化設備のケーススタディ

「物流フロー」にしたがって、設備の機能を概説します。物流フローに書かれています番号と説明文とは一致しています。

① 入庫ライン

入庫ラインは、工場から大型車で届けられた商品を、T11型パレット（1100㍉四方）単位に自動倉庫に入庫します。パレットに積まれている商品の荷崩れ防止の為に、荷崩れ防止設備でパレット毎に荷を整えています。コンピュータが、品名（自社独自6桁バーコード）と、数量をチェックします。

▲入出庫ライン

② 自動倉庫

自動倉庫は、高さ30メートルの高層ラックでできています。ラックのケース収容能力は80万ケースです。パレット積載の商品を入出庫するスタッカークレーンは12台稼働しています。機能としては、自動倉庫1階部の入庫・出庫ラインでパレット単位の入庫・出庫をします。自動倉庫2階部から4階のピッキング設備へパレット単位の出庫を行っています。

▲自動倉庫／スタッカークレーン

③フェイスピッカー

　自動倉庫から出庫されたパレット積の商品を、面単位（パレット積みの1層分）で取り出す装置です。面単位のケースをケース流動棚（CFR, case flow rack）に自動的に補充します。又は、面単位のケース数を出庫します。

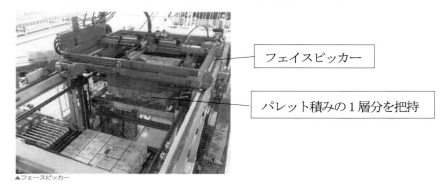
▲フェースピッカー

④サプライカー、ケース流動棚、ピッカー

　サプライカーが、フェイスピッカーで面単位に切り出された商品を、ケース流動棚（CFR）に自動的に補充します。

　ケース流動棚は、商品をケース単位に在庫しておく場所です。

　ピッカーは、ケース流動棚の間口から出荷指示データに基づき1ケースずつ自動的に取り出して、出庫します。

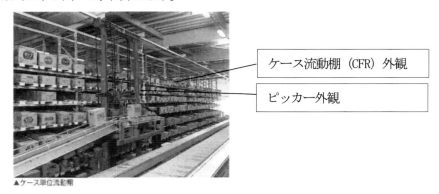
▲ケース単位流動棚

第1章　物流自動化設備のケーススタディ

⑤ピースピッキングの自動化「ピッキングロボット」

　商品のピースピッキングを自動的に行うために、ピッキングロボットが開発され、導入されています。「カートン（箱型）ピッキングライン」と「ボトルピッキングライン」に分かれています。

　コンピュータからピッキング出庫指示データが送られると、それぞれの商品が受注数にしたがって取り出されています。カートンタイプの商品とボトルタイプの商品の取り出し方は、次のようになっています。

　カートンタイプの商品は、重く・大きい商品から順にピッキングしますので、小さく・軽い商品が上になるようにしています。

　ボトルタイプの商品は、取り出しの時に方向を揃え、それぞれの商品が一定方向のままで、オリコンに収まります。

ピッキングロボットの全景

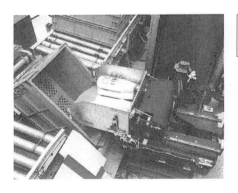

ボトルタイプのピッキングロボット
（オリコンへ商品を移載中）

第1節　物流設備の技術的な特徴

⑥デジタルピッキング

　自動化の対象になっていない商品は、デジタルピッキング設備でピッキングします。作業者は、デジタル表示された商品の個数だけ、商品を棚から搬送容器（空き箱等）に先取りし、納品用オリコン(50ℓ)に移します。

　バッチ毎の作業開始前と作業終了後に、欠け山方式という在庫チェックを行うことによって、簡易な棚卸を行っています。

　「欠け山方式」とは、ピース設備の各間口に置かれている最前列のケースに入っているピース在庫数（現物在庫）を数えて、コンピュータ在庫（帳簿在庫）と照合することを言います。

　ピッキングミスによって差異があれば、差異があったアイテムを投入したオリコンが推定できますので、オリコンを探して、オリコンに投入したアイテムの数を数え直します。欠け山追跡の実施によって、出庫数量の品質は向上しています。

＜デジタルピッキング設備の全景＞

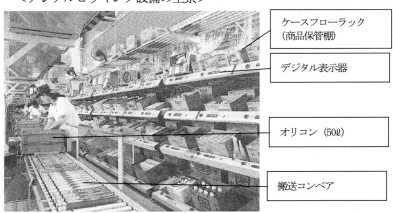

第1章　物流自動化設備のケーススタディ

⑦マルチウィンドウ

　マルチウィンドウは、サイズの特に小さい商品が収納される専用保管棚です。個数がデジタル表示されますと同時に、該当商品の扉が開きますので、受注と異なる商品を取り出すことがないようにしています。

＜マルチウィンドウ全景＞

⑧仕分・荷揃えライン

　ピッキングされたケースやオリコンが、コンピュータの指示により、自動的に配送車別・配送逆順にソーター上に仕分・荷揃えされます。

＜ソーター全景＞

⑨ユニットローダー

　荷揃えされたケースやオリコンは、口数検品を行いながら、専用パレット（ユニットパレット）に積み付けします。配送車毎に積み付けたパレットは、荷崩れしないように輸送梱包を行い、ユニットローダーで配送車に商品のみを積載します。稼働当初は、店舗毎に配送していくのが主でした。得意先からの受注データから、配送方面と配送コースを決めて、ピッキング順をコンピュータで決めています。小型トラック（2トン）にユニットローダーで積み込んで、配送していました。その後、小売業の物流センターに、小売業の店舗を一括して納品するようになりました。トラックが大型化しましたので、ユニットローダーでの対応が難しくなりました。

＜ユニットローダー＞

①〜⑨の写真出所：「花王堺ロジスティクスセンターご案内」社外発表用パンフレット

⑩セミオートピッキングシステム

　ピースピッキング用にセミオートの設備が、別途に2系統開発され、設置されていました。稼働実績から、その後撤去し、デジタルピッキングに転換しています。対象となったロボットは、次の2種類です。
　・仕切り不可品対応のProboSロボット
　・袋商品対応のProboVロボット

15

２．自律分散型制御システム

　物流フローに従って、コンピュータは、モノの流れを管理しています。即ち、商品の入荷・保管から、ピッキング、荷揃え、出荷までのモノ（商品）の流れや作業を、リアルタイムで管理しています。
　物流センターの運営に関わっていますコンピュータを取り上げます。

①基幹コンピュータ
　基幹コンピュータは、得意先とのデータ交換の役割を担っており、受注オーダの受信等を担当しています。

②物流コンピュータ
　物流コンピュータは、基幹コンピュータから送られてきた受注オーダに基づき、最初に、配送先と配送順路を処理します。
　次に、庫内の出庫作業処理をして出庫指示をＬＡＮマスターに渡しています。

③ＬＡＮマスター
　ＬＡＮマスター（バラマスターを含む）は、自動化設備の制御システム（入出庫CPU、クレーンCPU、ケース出荷CPU、ＰＣラインCPU等）に、入庫や出庫等の指示を出しています。

④制御システム
　制御システムは、機能単位に３つに独立しており、分散かつ、自律して動きます。これによって、リアルタイムで正確な在庫管理や、トラブルへの迅速な対応ができるように考えられています。

・自動倉庫のパレット入出庫：パレット入出庫制御、クレーン制御
・ケースピッキング：ケース自動ピッキング制御、仕分荷揃え制御、パレット積ステーション制御
・ピースピッキング：パッケージ(PC)カット制御、ピース補充制御、ピースピッキング制御、オリコン搬送荷集め制御

　以上の制御コンピュータ管理を、「自律分散型制御システム」と呼んでいます。

第1節　物流設備の技術的な特徴

　作業のバッチ単位で、受注データの指示に基づき、保管している商品を出庫していきます。受注データは、店別出庫や総量出庫に応じて、出庫指示データに変換されていくことになります。各作業は、出庫指示データに応じて、保管している商品を摘み取りピッキングします。

<図1-2 自律分散型制御システム>

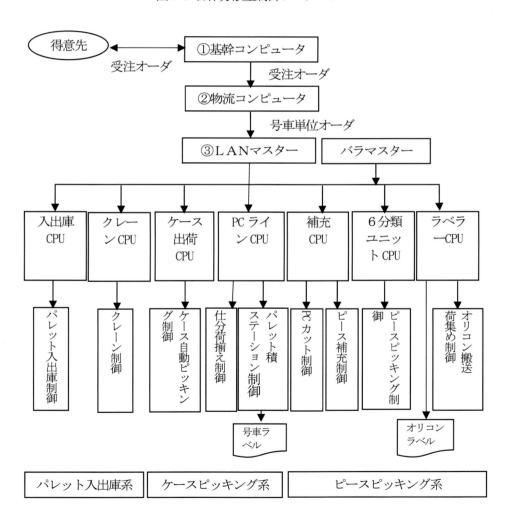

第1章　物流自動化設備のケーススタディ

第2節　ケースピッキングの設備自動化

1．ケースピッキングの自動化フロー

　設備毎に「物流フロー」（図1-1）で概説していますが、ケースピッキングの自動化フローの詳細を示しておきます。ケースピッキング自動化設備は、1984年4月に泉北物流センター（LCと略す）で初めて稼働しました。その後、ケースピッキング自動化設備が稼働したのは、1986年6月に川崎LC、1987年10月に岩槻LC、1995年に堺LC等です。2017年現在、3LCとも稼働しています。なお、泉北LCは、堺LCと同一エリア内の為に閉鎖しました。

<図1-3　ケースピッキング自動化設備モデル図>

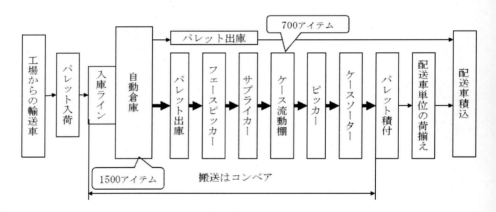

2．ケース自動化設備の制約事項

　ケースといえども、商品荷姿はさまざまです。自動化の前提ですが、商品荷姿の標準化なくして自動化はありません。
①自動化できない商品
　自動化できない商品は、人手による作業（例：ハンディターミナル等）になります。非自動化アイテムは、1,500アイテム中、800アイテムありました。

第2節　ケースピッキングの設備自動化

例としては、次のような商品があります。
・標準サイズ以外の商品
　自動化設備に対して商品の容積が大きいか、小さい商品です。典型的には、搬送用コンベアの幅とピッチで、搬送物が決まります。ケースを搬送するには、4本のローラで支持する必要があります。
・ロット管理品は、同一商品をロット単位に管理する必要があります。
・危険物品は、消防法により「危険物倉庫」に保管し、別途に出庫しています。
②設備能力の制約
　設備能力の制約により、バッチ毎の作業物量が決まっています。例えば、ケースソーターの荷揃え量（設備能力）が、1回（1バッチ）に作業します物量になります。それがバッチ物量の制約条件になります。
③設備能力の最大値
　設備能力の最大値をどのように設定するとよいのでしょうか。下図は、ある物流センターの日別物量波動です。ピース出荷もケース出荷も、日によって物量が大きく変わります。
　納品先への納品時刻を中心にバッチを組み、庫内の作業時間を決めます。
　庫内作業が何時まで行えるのかの許容範囲で、物量ピークに対応した設備能力を設定します。

<図1-4 物量日別波動の例>

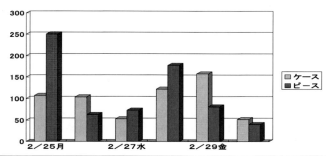

物量	2/25月	2/26火	2/27水	2/28木	2/29金	3/1土
ケース数	10,694	10,403	5,283	12,201	15,785	5,179
ピース数	250,646	63,422	72,962	178,174	80,957	39,583

④バッチ切り替え時のロス時間
　バッチ切り替え毎に、ロス時間が発生します。
⑤設備スペースの固定化
　設備化しますと、設備のスペースが、固定化されます。自動倉庫→フェイスピッカー→サプライカー→ＣＦＲ→ピッカー、ケースからピースへの補充、ソーター等にみられるように、設備やコンベアで床面積を相当な割合で占めています。その為に建物の減価償却費負担額が大きくなります。

第3節　ピースピッキングの設備自動化

1．ピースピッキング設備自動化の開発背景

　ピースピッキングの設備自動化は、経営トップの意向です。故丸田氏（元社長）が、物流センター視察時に、「ご婦人方に、あのようなバラピッキングをさせてはいけない」と発言されています。「あのようなバラピッキング」とは、デジタルピッキングラインでピッキング作業をしていたことを指します。これを機に、ピースピッキングの設備自動化を開発するように指示されたと、聞いています。指摘されていることは、慧眼です。

　ピースピッキングを自動化していく要素技術の開発が、課題になります。開発プロジェクトは、1986年に物流技術室で始まりました。花王川崎物流センターが、稼働した年にあたります。

2．ピッキングロボットの開発

　堺物流センター（ＬＣ）に先駆けて、坂出物流センター（ＬＣ）でピッキングロボットのプロトタイプが、1994年5月に開発され稼働しています。坂出ＬＣで運用されたロボットは、次の2種類です。
・ボトルタイプの商品をピッキングするロボット（ProboB）
・カートンタイプの商品をピッキングするロボット（ProboC）
　基本設計・システム設計・発明特許申請は、花王が行っています。設備の製作は、マテハンメーカー2社に依頼しています。

第3節　ピースピッキングの設備自動化

　ピッキングロボットのプロセスフローの概略を示しておきます。図1-5は、坂出ＬＣのピースピッキングのプロセスフローです。
　ケース補充ロボット及び、ボトルピッキング装置（固定ポッパーとシュート）とカートンピッキング装置が中心になります。

<図1-5　坂出ＬＣのピースピッキング・プロセスフロー>

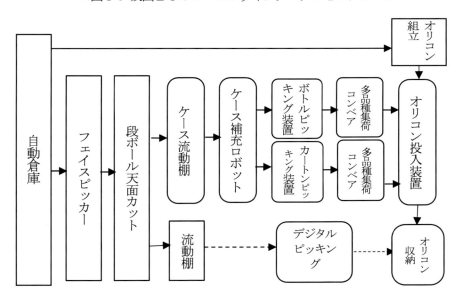

　堺ＬＣでは、ピースピッキング自動化範囲を拡げています。即ち、ボトル商品対応ロボット（ＰｒｏｂｏＢ）と、カートン商品対応ロボット（ＰｒｏｂｏＣ）のアイテム数を増加しています。
　別途に、セミオートのバラピッキング設備を新たに2系統開発導入しています。
・ＰｒｏｂｏＶ（袋商品対応ロボット）
・ＰｒｏｂｏＳ（仕切り不可品対応ロボット）

3．物流センターを取り巻く環境の変化
（1）労働環境が大きく変化
　ピース自動化設備を開発しました時代（1986年～1995年）は、日本経済が高度成長期いわゆるバブル経済最盛期とともに、それがはじけた年代にあたります。以降、日本経済はデフレ経済に陥ることになります。
　経済の盛衰は、作業者の確保が困難な時代から安定確保ができた時代に様変わりしました。短期的には人口は増加していたこともあって、労働需給の見方が近視眼的でした。既に分かっていることではありましたが、長期的に日本の人口が2050年には3,000万人減少するとの認識は不十分でした。
（2）商品アイテム数の絞り込みと拡大
　設備開発にかかった1986年は、商品は500アイテムで、絞り込みと規格化の時代です。しかし、1995年には、1500アイテムに拡大しております。その為に、自動化設備の間口は、設備として固定化されますので、非自動化の対象商品の間口を拡大しています。商品保管とその間口を設けるために、倉庫内の空きスペースに分散して、配置せざるを得なくなっています。
（3）商品の形状と標準化
　商品単品の切り出し方や取り出し方の技術の都合から、物流の自動化は商品の形状を標準化することを前提とします。一方、商品そのものの研究開発は、消費者の使い勝手を考えると、商品は多様な形状になります。会社として商品開発に関して商品形状の一貫性を担保しないと、物流部門だけでは、商品の標準化は進められません。
　1メーカーであれば販売するアイテムは1500ですみますが、卸売業や小売業では、数万から数十万単位のアイテム数になります。物流作業では、卸売業や小売業のアイテム数を考えると、見た目の商品形状の標準化以上のことを考えないと、自動化にはなりません。
　人が作業をする時は、自由自在に瞬時に判断してピースピッキングをしています。即ち、ピッキングする商品を見る・掴む・所定の場所に移載を自在に行っています。

（4）小売業への納入方法の変化

　小売業への納入方法が、各店納品から小売業の物流センター納品に変わっていきました。出荷する側の物流センターの仕分技術に大きな変化をもたらしました。
①店単位の分類から、店別部門別（カテゴリー別）の分類へ
　これによって、仕分数は飛躍的に増えました。例えば、100店舗の小売業で、店舗当り5つの部門別分類をしますと、従来、店別に100仕分で済んでいたものが、500仕分（100店舗×5部門別分類）になります。
②小売業によっては納品方法が、店別仕分納品から総量納品に変わる
　総量納品の仕分では、ケースとピースの比率が大幅に変わります。ケース数が増え、ピースは出荷アイテムの端数出荷のみになります。作業は、ケース出荷主体ですので、生産性は高くなります。
　しかしながら、他の出荷先企業との組み合わせである作業バッチの切り方によっては、ケースとピースの比率のアンバランスになることや、バッチ切り替えのロスタイムが発生して、日別にみると、生産性が低くなることがあります。
③付帯作業が、客先別に異なる
　付帯作業の一例は、客先専用のラベルを貼付することが納品条件です。通常の搬送ラインから、別のラインに外して、専用ラベルを手貼りもしくは自動貼付しています。また、客先専用のオリコンやカゴ車で客先に納品することがあります。
④配送方法の変更
　店舗別直接納品では、積載2トンの小型車が中心でした。
　ところが、小売業物流センター納品は、積載4トン車若しくは10トン車に大型化しました。従って、配送コースも、ルート配送から自社物流センター・ツー・小売業物流センター配送に代わりました。

4．ピースピッキング自動化設備の開発結果
1）ピースピッキング自動化設備の完成度
　移りゆく時代背景の中で、ピース自動化設備は開発され、坂出物流センターと堺物流センターに設置されました。

第 1 章　物流自動化設備のケーススタディ

　　開発された 4 種類のピース自動化設備は、次の通りです。
　　・Probo C（カートン商品対応ロボット）
　　・Probo B（ボトル商品対応ロボット）
　　・Probo S（仕切り不可品対応ロボット、補充自動化方式）
　　・Probo V（袋商品対応ロボット、吸引方式）
　　（Probo S と Probo V は、図 1-1 では⑩セミオートピッキングに当たります。）
　坂出物流センターで、1994 年にプロトタイプモデルとして、Probo C を 3 間口、Probo B を 14 間口作り、実装テストを行いました。
　堺物流センターでは、多品種に対応して、Probo C も Probo B も、間口数を増やしました。
　Probo S と Probo V は、プロトタイプを作らないで、実装したこともあって、自動化設備としての完成度が低く、稼働は不安定でした。この点は、技術開発手順からすると、拙速すぎました。運営上から、この 2 つのロボットは、やむを得ず撤去し、デジタルピッキングに 1997 年に切り替えました。

2）自然落下と摩擦

　ピース自動化設備は、設備の成り立ちや中間工程を見ると、商品個体の移動や仕分を「重力による自然落下」や「摩擦」に依存する技術です。その為ですが、商品個体の空間移動時のコントロールが不完全でした。また、設備トラブルや商品形状等に品質劣化を招きました。
　参考までに言えば、市販されていますソーター設備では、シュートから商品を自然落下させていることが、気になる点です。
　ケースソーターで仕分けるケースやオリコンは、外装の強度からして、自然落下による衝撃が許容できる範囲です。
　ピース単体を仕分けるピースソーターでは、落下等による商品の破損が課題になります。実際に、顧客から外装の傷を指摘されることがあります。

第3節　ピースピッキングの設備自動化

<図1-6　ピースソーター外観写真>

3）個体として取り扱う

　商品を「個体」として取り扱うことは、自動化を考える時に重要です。商品を個体毎に取り扱うことが、数量カウントや品質管理上、必須です。参考までに言えば、ピースソーターやケースソーターでは、個体として取り扱っています。

　ボトル商品対応ロボット（ProboB）を例にとりますと、商品個体の移動や仕分が、既述しましたように、重力による自然落下や摩擦に依存した技術です。ProboBの動作を概説しますとともに、機能イメージを、図1-7（次頁）に示しておきます。

①ケースが、「ケース流動棚」に、天面カットされて保管されています。「補充ロボット」が、「ケース流動棚」より天面カットされた1ケースを把持して、取り出します。

②「補充ロボット」が、ケースを180度反転し、ケースから「固定ホッパー」内に商品を自然落下させ、商品単品毎にセットします。

③出荷指示があると、「固定ホッパー」のシャッターが開き、商品単品が出荷指示数分だけ、「シュート」を滑り落ち、「多品種集荷コンベア」側に自然落下します。

④「多品種集荷コンベア」が、所定の位置にくると、「プッシャー（押出機）」が働き、商品を「オリコン投入装置」に押し出して、移載します。

⑤「オリコン投入装置」が、商品を「オリコン」に自然落下して投入します（12頁写真参照）。

第1章　物流自動化設備のケーススタディ

<図1-7　ProboB（ボトル商品対応ロボット）の機能イメージ図>

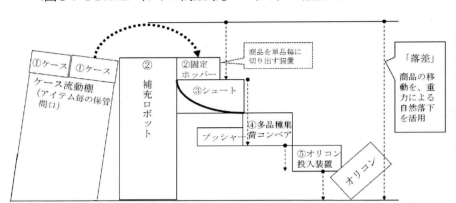

第4節　物流設備自動化の安定稼働の課題

1．検証の視点

　技術開発史を書き残しておくことは、同じ轍を踏まないためには、大切です。成功したことも、うまくいかなかったことも、なぜそうなったのか、オープンにすることです。さまざまな技術に係るノウハウに、光を当て、社内の一部門内や開発者個人にノウハウを眠らせたままにしないことです。

　少なくとも、法制度上の範囲で開示すると、もっと開発のスピードは上がるのではないでしょうか。同じ失敗を、しなくて済むのではないでしょうか。オープンにすれば、開発途中にさまざまなアイデアや、開発の方向性にサゼッションがあったのではないでしょうか。

　エンジニアリングの過程で、考えておくことを書いておきます。経営における投資の採算性とも、向き合うことになります。

1）開発の組織対象範囲

　「目的」を具体化していくには、企業内の部門間の協議は必要です。物流が、企業の活動プロセスに深く根ざしているだけに、物流部門単独で、エンジニアリ

ングに係るすべてがわかるわけではありません。社内の関係部門（主に販売、生産、マーケティング）との真摯な話し合いと、相互理解が必要です。

例えば、販売部門が担っています客先との間で細かな取り決め（取引条件）があります。受注条件や納品条件に係ることが多くあります。それをすべて洗いざらい調べることです。仕分け数は、店別か、店別部門別か、総量納品かで変わります。納品方法は、店舗納品か、物流センター納品かで変わります。

商品の荷姿は、消費者と市場との関わりから、研究開発部門やマーケティング部門の商品開発事情で変わります。例を挙げれば、単品商品の包装材料には様々な材質があり、ProboBでは商品毎の滑りの違いが問題になりました。

2）開発のレベル設定

物流に係る品質や、製作する設備の信頼性（障害率）に関する目標値、もしくは基準値を設定しておくことです。

品質は、納入先である顧客に対して、最優先で考えることです。

信頼性（障害率）は、庫内作業や配送の運営にとっては、生命線になります。何時間で作業が完了するかを考えるには、設備やシステムの信頼性が揺るぎ無いものでなくてはなりません。

ロケットや衛星を始め、宇宙ステーションの設計・施工は、「信頼性」に力を入れています。当然ですが、宇宙に一旦飛び立ちますと、地上に戻って、修理をすることはできません。地上から宇宙ステーションに部品等を持ち込んで修理をすることになります。その信頼性の技術を調べますと、設計時のリスクの想定の仕方が半端ではありません。また、各所に使われている部材の保管とその期間や、各部品に対するテストも同様です。日米の宇宙技術に取り組む姿勢の違いを改めて感じました。

物流センターは、日常の範囲で修理ができますので、宇宙ステーションの信頼性と比較することは、意味がないことかもしれません。しかし、設備が安定稼働することは、作業や組織にいい影響を与えます。そのことは、担当したものにしかわからないのかもしれません。安定稼働をどのレベルまで考えて、設計するかは、エンジニアリングの重要な要素です。

3）開発とマネジメント
（1）エンジニアリングにおける目的の共有と意思統一
　プロジェクトマネジメントをする時は、何を、どうすることなのかを考え抜かなければなりません。ピッキングロボットに至る長期の開発期間中に、社内の多くの関係者や外部関係者が関わっています。関係者をまとめていく目的・目標を設定し、共有して、進めることの大切さを考えさせられました。
　経営実務に携わっていますと、目的や目標が、組織内で案外軽く考えられていることに遭遇します。マネジメントサイクル（PDCA）の計画の神髄である「目的」をいろいろな視点で、何度も吟味してみることです。目的を具体化する記述が必要です。目的を少なくとも5W1H（What, Why, How, Who, When, Where）で記述しておくことです。
　組織の意思統一を図るには、「目的の共有」が、まず第一歩です。その上で、組織の意識改革が進みます。

（2）設計・開発する技術原理が大事
　ピース自動化設備に使われている技術原理がどのようなものかが、検証の対象になります。ピースの自動化設備に使われている原理は、自然落下や摩擦でした。それらの原理では、単品が空間を移動する時、不安定にならざるを得ません。
　一例で言えば、商品毎の外装材料の違いから、滑りが違います。こちらの商品が滑り良くなれば、あちらの商品の滑りが悪くなることを繰り返しています。商品毎の滑りの調整ひとつでも苦労しております。
　単品の動きの不安定な結果として、様々なトラブルや品質低下がありました。これらを裏付けるデータは省略しますが、例えば、
・商品破損の発生
・ピースピッキングの精度不足
・ピース設備のトラブルによる停止
・設備維持費がかかる
・運営時の生産性が計画値ほど上がらないなどがあります。

第4節　物流設備自動化の安定稼働の課題

　設備開発者達は、堺物流センターのピースピッキング自動化技術を何とかしようと、改善を8年間続けております。当時の技術では、単品単位で制御することはできませんでした。
　今後の自動化技術開発では、商品をピース単位に個体として把握できるようにすることです。

（3）開発とテスト工程
①基本
　基本設計・詳細設計・試作・製作・施工、試運転（テスト含む）、保守をやりきることが大事です。
　基本設計や詳細設計の段階では、技術原理が要です。
　また、この段階では仕様書を書きますが、仕様書作成という文書化は、是非身に着けておくことです。正しく書くことが大事です。正しさの要点としては、5W1Hに従って書くことです。美文を求めているのではありません。
　でき上がった仕様書は、関係者と必ず読み合せをして、確認をすることです。
②テスト
　試作し、製作から試運転に至る段階では、設備やシステム（設備制御システムを含む）は、相互に深く関連するだけに、設備単体のテストや、設備とシステムの相互関連テスト、更には総合テストを十分にするのかどうかです。
　テストと一口に言っても、大規模物流センターでは、大きな仕組み・システムになっています。一つひとつの単体のテストを繰り返していくわけです。
　テストそのものが、第三者に理解可能な状態で、網羅性と正確性を確認するテストを行いませんと、テストがテストになりません。
　通常の操作で通常通りに動きますというテスト結果報告を受けるのですが、それは当たり前のことであり、テストの第1歩です。
　動いている通常の実データは用意されますが、異常状態をどこまで想定して、テストデータを揃えて行うかが要です。網羅的でかつ大量なテストデータが用意しているかどうかです。

単純なことですが、運営データの範囲である最小値と最大値を用意することです。物量ピークの時に設備がストップする理由の多くは、最大値の想定が甘いことにあります。また、最小値、即ちゼロのテストもしかりです。実際の出荷物量がゼロなることがありえます。設定によっては、ソフトが暴走することもあります。

　また、テストデータのまま制御用パラメータが設定されている制御機が、稼働後に見つかることがあります。テスト完了後、復旧処置を怠らないことです。

③万全を期する

　開発前や開発途中では、どこまで執念をもって開発に執着するのか、あるいは方針ややり方を変えるのか等、難しい課題があります。

　開発にあたり、知識がなかったり、能力がなかったりすれば、やりようがありませんから、知識や能力があるに越したことはありません。しかし、知識や能力より大事なことは、新しいことに食らいついていく「思い」という意識があるかどうかです。「思い」で、自ら燃えることができるかどうかだと考えております。物知りな評論家では、開発はうまくいきません。

　思いという意識があれば、「思い」をどうすれば実現できるのか、具体的な「計画」を立てるでしょう。意識しない限り、実現しようとする計画にはなりません。開発途中に何かあっても、起きた事象をわかろうとするでしょうし、解決するようになるでしょう。計画の進捗を確認し、修正するようになるでしょう。開発のリーダーの立場であれば、一緒に開発をする皆を燃え上がらせるようにするでしょう。自分にないものを、広く、皆に求めるでしょう。

　未来を切り開いていくには、開発前は、明るい見通しをたてて、実現する「思い」を掻き立てることです。「思い」がないと、実現への道のりは難しくなります。

　一方、開発中は、試行錯誤を繰り返すことになります。何度となく振り出しに戻ることがあります。開発は、なかなか直線的には進みません。それだけに、開発に関してあらゆることを想定して、リスクになることをすべて挙げておくほどの細心の作戦がいります。

第4節　物流設備自動化の安定稼働の課題

　目的は何なのか、何が自分の開発原則なのか、を持っておかないと、流れに流されます。やはり、「思い」を実現するには、技術的なステップをきちんと踏んでいき、人知の及ぼすところまで、万全を期することに尽きます。
　開発する設備に関して「設備開発フェーズと事前対応・事後対応」を一覧にしておきます。要点としては、仕様書の作成と、リスクを想定したテストを事前にどこまで行うかにあります。

<表1-1. 設備開発フェーズと事前対応・事後対応>

設備開発フェーズ		基本設計フェーズ	詳細設計フェーズ	製作フェーズ	施工フェーズ	試運転フェーズ
責任箇所	自社	自社	自社（機能設計）	－	－	自社
	メーカー	－	メーカー（製作設計）	メーカー	メーカー	メーカー
事前対応		自社仕様書作成	メーカー仕様書作成	・メーカー選定 ・メーカー責任体制の確認 ・工場内テストの実施と立ち合い		・試運転チェックリスト ・テスト方法の確立
事後対応	機械	・レイアウト変更 ・増設	・機種変更 ・速度変更 ・ライン改造	・部品交換	・再施工	－
	制御	・大幅なシステム変更	・小幅なシステム変更	・バグ（プログラムの誤り箇所）潰し ・部品交換		
	CPU	トラブルの長期化、生産性未達、品質低下への対処				

4）開発と運営組織の関係

　開発部門の重要な役割に、マニュアルの整備と、物流センター従業員への教育と訓練があります。設備を操作するには、設備に関する操作マニュアルの説明（教育）とともに、十分な訓練が必要です。組織のメンバーが、設備を運営するための、習熟する時間は欠かせません。設備開発メンバーと運営会社メンバーとが、稼働前に、設備操作の摺合せを行うことです。

開発メンバーにとっては、開発してきておりますので、設備の操作は当たり前になっています。運営を担当するメンバーは、すべて新しく取り組まなければなりません。それだけに、事前の開発工程におけるテストが短くなりますと、当然、設備運転訓練も短くなります。この点は、開発者として、習熟には時間がかかることを念頭において、スケジュール管理をしておくことです。

また、運営を委託している時は、組織上の指揮命令系統が異なりますので、組織及び人間関係に配慮がいります。

5）改善の継続

技術開発の投資は、成功すれば、大きな成果をもたらします。一方、うまくいかない時には、その責任をどうするのかが問われます。開発に携わる当事者だけの問題ではありません。組織として、開発のマネジメント能力が問われます。

失敗を個人に向かって厳しく評価していきますと、挑戦しなくなりがちです。起きた事態を正しく調査するためには、個人の責任を問うよりも、免責にして、課題解決に向けて、当事者に率直に発言させ、原因を究明することが大事です。また、開発に意欲を持たせ続けるにはどうするのかが、問われます。

技術の開発は、考え抜いてもわからない点がありますし、やってみないことにはわからないことがあります。

結果としての成功・不成功を問わず、「思い」を「やってみる（Let's try）」ことだと考えています。

第4節　物流設備自動化の安定稼働の課題

2．新規にデジタルピッキング設備化
1）脱ピースピッキングロボットの目的
　堺物流センターのピースピッキング自動化設備（ＰroboＣ、ＰroboＢ）を、デジタルピッキング設備に2004年に切り替えることにしました。
（1）デジタルピッキング設備にする目的
①ピースのピッキング間口の拡大
　ピースのピッキング間口を、間口数に余裕を持たせるために1500間口にします。良く出荷されるＡＢランクのピースは、2系統のピースラインにしました。全体のスループットを上げ、生産性を上げるためと、安定稼働を図るためです。
②ピースの生産性向上
　ピースの生産性を600本/人時にアップします。これによって、コストは大幅に低下することになります。
③計量検品方式を採用
　ピースピッキングロボットが品質面で不安定でした。品質を向上させるために、ピースピッキングをするデジタルピッキング設備に付加して、単品毎のピッキングアイテムとピッキング数量がその場で検品できる「計量検品方式」を採用することにしました。

2）計量検品方式とは
　計量検品方式は、デジタルピッキング設備（ピース・ピッキング／摘み取り方式）の搬送ラインに接して、計量検品機を装備して、ピッキングの精度を上げる仕組みです。計量検品によるピッキングミス防止の要点は、3点です。
①アイテムの保証は、商品のJANコードをスキャンして、出荷指示データと照合します。
②ピッキング数量の保証の仕方は、次のようにして、ミスのゼロ化を図ります。
　・商品マスターにアイテム毎の単品重量を登録しておきます。
　・ピッキングした商品を、計量検品機の秤に載せて総重量を計量します。
　・計量した総重量を、商品マスターの単品重量から個数に計量検品機で変換

33

第1章　物流自動化設備のケーススタディ

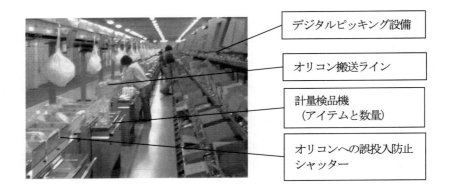

　します。
　・出庫指示した個数と、実際にピッキングした個数を、計量検品機で照合して過不足数を判断します。
　・過不足があれば、表示をして作業者に修正を知らせます。
③ピース商品を投入するオリコンの保証は、「誤投入防止シャッター」で、投入先オリコンを特定します。

3．経済性・採算性
1）なぜ採算性なのか

　グローバルなコスト競争が激しい時代です。企業経営として、投資を見直すことになります。当時、米国の機関投資家から、「物流投資は、利益をもたらしているのか」との質問があったと、経営陣から聞かされました。

　日本企業の自己資本利益率（ROE、純利益／自己資本）が、欧米に比して、今日でも差がありますが、当時はもっとありました。とりわけ、売上高純利益率が低い状態です（ROE＝純利益／売上高×売上高／総資産×総資産／自己資本）。株主の立場からすれば、株主から預かった資本を活用して利益を上げる時の資本効率が、日本は欧米に比して低いのです。ＲＯＥで言えば、10万円の利益を上げるのに、100万円の資本を使うのが良いのか、50万円の方が良いのかになります。同じ利益を稼ぐには、使う資本が少ない方を、投資家は評価します。

これを機に、物流投資に対する評価軸を問い直しました。投資判断に関する指標を見直し、ＥＶＡ（economic value added）を新しい指標にすることにします。ＥＶＡは、第6章で詳述します。

　物流部門は、同じ頃、小売業向けの共同配送事業を手掛けています。小売業への共配見積書の提出等を通じて、他社とコスト比較する機会を得ました。

　結果として、堺物流センターに代表されますが、それまでに培われた自動化物流技術とは、別の仕組みを開発することになります。

2）自動化設備投資から採算性重視へ

　ピースピッキングの自動化設備は、既に述べましたように、品質、安定稼働や生産性の面から、計量検品機を付加したデジタルピッキングに切り替えました。

　ケースピッキングは、「ケース自動化設備」から、「ケース半自動化設備」（1998年）、「ケース非自動化設備」（2000年）と2段階に渡り開発をしました。投資の採算面から、自動化から人手へと真逆の方向に進むことになります。

「ケース非自動化設備」では、無線ハンディターミナルを使って、リアルタイムで作業を行うようにしています。従って、商品・物流指示データ・作業の三位一体で作業が行なわれます。物流センター内の在庫もリアルタイムで更新されていくことになります。搬送は、コンベアからフォークを主体にした方式に変えています。

　「ケース自動化設備」、「ケース半自動化設備」と「ケース非自動化設備」の作業工程を、次頁で比較しておきます。各々の別称は、次の通りです。

- ・ケース自動化設備　　：ピック・ツー・オートマティック
- ・ケース半自動化設備：ピック・ツー・コンベア
- ・ケース非自動化設備：ピック・ツー・パレット

第1章　物流自動化設備のケーススタディ

<図1-8　ケース3通りの設備と工程フロー>

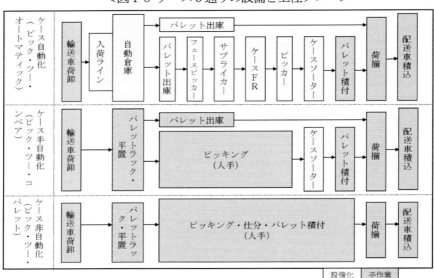

図1-8の設備と工程フローを、写真やイラストで示しておきます。

<図1-8 ①　ケース自動化設備>

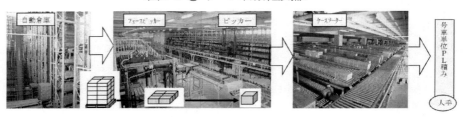

<図1-8 ②　ケース半自動化設備>ケースソーターの写真

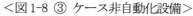

第4節　物流設備自動化の安定稼働の課題

<図1-8 ③ ケース非自動化設備>

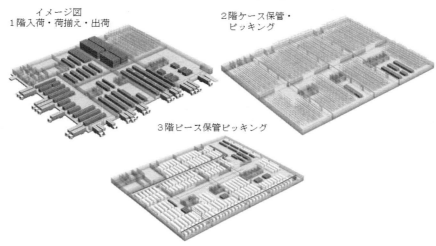

「ケース非自動化設備（上図）」の物流フロー（下図）を示しておきます。モノの流れを表しています。

<図1-8 ④ 非自動化設備の物流フロー>

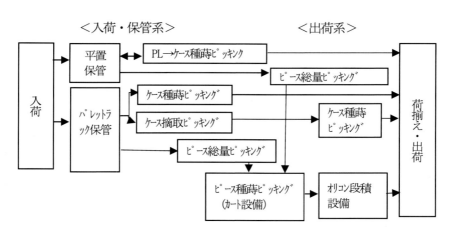

第1章　物流自動化設備のケーススタディ

　ケースを非自動化設備にすることで、ケース設備の投資額は、自動化設備投資額の約11％と遥かに下がりました。ＥＶＡ評価においても黒字化できるようになりました。

　年間出荷量がほぼ同じ規模である3タイプの物流センターの設備投資額の比較をしておきます。1個当りの固定費（投資等の減価償却費）と変動費（庫内作業費）の和では、非自動化拠点が一番低廉です（表1-2）。

　注意することは、設備減価償却後（8年目以降）の比較では、ほぼ同じ費用になります。設備化するのでしたら、長期にわたり設備を大事に使えば、設備化の便益はあります。また、人のコストがいかに高いかがわかります。

<表1-2　ケース設備の投資額比較>

①設備投資後の減価償却期間内の比較

設備投資比較項目		単位	自動化拠点	半自動化拠点	非自動化拠点
設備投資	投資額	億円	58.9	15.0	6.6
	減価償却費（7年償却,残存0）	億円/年	8.3	2.1	0.9
出荷数量		百万口/年	10.6	9.2	9.1
1口当り設備固定費	設備償却費	円/口	78	23	8
	設備保守費等	円/口	12	7	2
	小計	円/口	90	30	10
1口当り庫内作業費（変動費）		円/口	40	46	48
合計		円/口	130	76	58

②設備減価償却後の比較

	単位	自動化拠点	半自動化拠点	非自動化拠点
1口当り設備固定費（保守費等）	円/口	12	7	2
1口当り庫内作業費	円/口	40	46	48
合計	円/口	52	53	50

<第1章のまとめ>

第1節

　堺物流センターの物流全体の概略と物流技術的な特徴をまとめています。
一つ目は、コンピュータからの入荷データや出荷データに基づき、ケースやピースの流れを制御して、入荷、出荷や在庫管理をリアルタイムにしています。
二つ目は、ケースとピースとも自動化を図っています。ピースは独自のピッキングロボットを開発しました。ケース、ピースともに自動化できない商品は、人が行っています。
三つ目は、堺物流センターは、1995年12月以来今日まで22年間、物流センターとして稼働しています。

第2節

　ケースピッキングの設備自動化と制約事項をまとめています。ケース自動化技術は、今日まで安定稼働しています。
　課題は、設備投資が採算に合うようにすることです。

第3節

　ピースピッキングを自動化するために、ピッキングロボットを開発・設置しました。運営を通じて判明したことは、商品の品質、生産性（コスト）や安定稼働の面から、運営上評価できませんでした。ピースピッキングの開発技術が、原理としては「自然落下」と「摩擦」を使っています。その為に、商品を単体毎にコントロールできていません。ピースを「個体」として取り扱うことが、今後の開発課題となります。

第4節

　ケース及びピースの自動化に関わる技術と、設備投資と投資回収について書いています。経営を行うには、長期的な採算性を考えて投資を行うことです。
　ピッキングの開発を通してエンジニアリングの過程を振り返っています。ピースピッキングの自動化設備であるロボット4タイプは、いずれも修復を繰り返しましたが、稼働して8年後の2004年にすべてデジタルピッキングにしました。

第2章　経営環境としての労働力問題

第1節　人口構造の変化

1．日本の人口
1）日本の生産人口の減少

　日本の人口は、2010年に1億2,708万人でした。2050年予測では9,708万人と、2010年に対して3,000万人減少します。2010年と2050年を年代別に人口増減比較をしますと、2010年の年少人口1,680万人は741万人減少し、同じく生産年齢人口8,103万人は3,102万人減少します。但し、65歳以上の老年人口は、2050年には3,768万人と843万人増加します。

　即ち、出生率の低下等により子供や働き手の人口が減る一方で、65歳以上の高齢者の割合が高まっています。高齢化率が7％－14％の時は高齢化社会、14％－21％の時は高齢社会、21％以上を超高齢社会と呼んでいます。日本は、2007年に高齢化率が21.5％になり、超高齢社会になっています。2013年には国民の4人に1人が高齢者、2050年頃の高齢化率は、38％台と予測されます。日本は、人類社会に前例がない速さで高齢化が進んでいます。『未来の年表　人口減少日本でこれから起きること』河合雅司著講談社現代新書を参考にされるとよいでしょう。

<表2-1　日本の人口推移>

	2010年	2015年	2020年	2030年	2040年	2050年	対2010年比
計（万人）	12,708	12,660	12,410	11,662	10,728	9,708	△3,000万人
0-14歳	1,680	1,583	1,457	1,204	1,073	939	△ 741万人
15-64歳	8,103	7,682	7,341	6,773	5,787	5,001	△3,102万人
65歳以上	2,925	3,395	3,612	3,685	3,868	3,768	＋843万人

出所：国立社会保障・人口問題研究所。2015年から2050年までの人口予測は、「日本の将来推計人口（平成24年1月推計）」総人口、年齢3区分（0-14歳年少人口、15-64歳生産年齢人口、65歳以上老年人口）別人口、及び年齢構造係数：出生中位（死亡中位）推計

2）世帯数の増加

　一方で、単身世帯の総世帯数が 1980 年の 34 百万世帯から 2010 年には約 52 百万世帯と約 18 百万世帯増加しています。ところが、1 世帯当たりの人数は、1980 年 3.33 人から 2010 年 2.42 人に減少しています。単独世帯の構成比は、類別割合の中でもトップの 32％になりました（表 2-2）。

　かつてマーケティングする時に標準とされていました「夫婦と 2 人の子供」という世帯は、多数ではなくなっています。各世帯が購入する単位が小さくなっていくのも、世帯当り人員が 2.4 人と少なくなっているからでしょう。

<表 2-2 世帯数、1 世帯別員数と類型別割合>

年次	総数	1世帯当り人員	親族世帯 核家族世帯 夫婦と子供	夫婦のみ	男親又は女親と子供	その他の親族世帯	非親族世帯	単独世帯
1980年	34,106 千世帯	3.33人	44.22%	13.08%	6.02%	20.71%	0.18%	15.80%
2010年	51,842 千世帯	2.42人	27.85% (14,438千)	19.76% (10,244千)	8.72% (4,521千)	10.24% (5,309千)	0.88% (456千)	32.38% (16,788千)

出所：総務省「国勢調査」

3）物量の変化

　国内総生産（GDP）は明らかに増額していますが、国内貨物輸送量は、1989 年の 65 億トンを基準にすれば、2014 年には 47 億トンになり、18 億トン減少しています。物量の減少理由としては、
・サービス経済化が進展して、GDP の内、第 3 次産業が 70％を超えています。
・海外生産へのシフトです。例としては、繊維産業は 95％が海外生産です。
・商品の小型軽量化（例：洗剤特大サイズ 4.1kg から濃縮洗剤 1.2kg に転換等）やソフト化（例：CD から音楽配信）です。
・建設関連資材（鉄鋼、セメント、砂利等）が、減少しています。

　しかし、宅配物量は、増加しています。1989 年 10 億個から 2015 年 37 億個になっています。

<表2-3 実質国内総生産（GDP）と国内貨物輸送量の推移>

		1989年	2015年
実質国内総生産	実額	424兆円	528兆円
	指数	100	125
国内貨物輸送量	実重量	65億トン	47億トン
	指数	100	72

出所：内閣府「国民経済計算確報」「四半期別GDP速報」
国土交通省各種輸送統計より日通総合研究所作成引用

2．アジアの人口とGDP

（1）アジアの人口動向

　アジアの人口動向を見ますと、2015年を基準に2050年の人口予測は、中国を除き、各国とも大幅に増加します。2050年のアジア各国の予測人口は、次の通りです。国内メーカーが、国内市場だけでなく、アジア市場に進出しているのが十分に頷けます。

<表2-4 アジア諸国の人口動向>

国	2015年	2050年予測	増減
インド	13億1100万人	17億500万人	＋3億9400万人
中国	13億7600万人	13億4800万人	△　2800万人
インドネシア	2億5700万人	3億2200万人	＋　6500万人
パキスタン	1億8900万人	3億1000万人	＋1億2100万人
バングラデシュ	1億6100万人	2億200万人	＋　4100万人
フィリピン	1億人	1億4800万人	＋　4800万人
ベトナム	9300万人	1億1300万人	＋　2000万人

出所『人口の動向　日本と世界―人口統計資料集2016―』国立社会保障・人口問題研究所編集

第1節　人口構造の変化

（2）2030年までの主要国のＧＤＰ成長率
　世界経済の成長は、新興国主導で進みます。2030年までに、
①中国が、米国を抜いて世界一の経済大国になる。
②ＡＳＥＡＮＳとインドの経済規模が、日本を上回るとの予測をしています。

<表2-5　主要国のＧＤＰ成長率と人口の伸び率>

主要国	実質ＧＤＰ成長率 2015年～2030年	人口の伸び率 2011年～2030年
インド	6.5%	1.0%
中国	5.8%	0.3%
ＡＳＥＡＮＳ	4.6%	1.0%
米国	2.1%	0.8%
ブラジル	1.6%	0.7%
ユーロ圏	1.0%	0.1%
日本	0.8%	△0.5%

出所：「日本の将来推計人口」「World Population Prospects」
　　　ＧＤＰは三菱総合研究所推計

第2節　物流業界・物流部門の位置づけと労働力

1．産業界の中での物流業界の位置づけ

　物流は、国民生活や産業活動を支える重要な社会インフラであり、社会基盤です。物流は、日本のGDPの約5％に相当します。運輸産業全体の年間売上高は、33兆円です。内訳は、物流分野23兆円、及び旅客分野10兆円となっています。

　労働就業者数は、約316万人です。内訳は、物流分野約166万人、及び旅客分野約150万人となっています。

2．物流特有の問題
1）問題点
①低賃金が、今日のトラック運転手不足を招いています。
　　中小型トラック運転手の年間所得額約385万円、全産業平均約469万円との比較で△84万円低い状態です。（賃金：厚生労働省「賃金構造基本統計調査」）
②非効率な手荷役作業が、多く見られます。
　　企業間のモノの受け渡し・受け取りを中心に、1口単位で積み込み・積み降ろしの手荷役が見られます。労働人口が減少する中で、物流の効率化や省力化に取り組まざるを得ません。
③不規則な労働時間になっています。
④不要な拘束時間が長く、長時間労働です。
⑤3K（危険、汚い、きつい）業界のイメージが、一般に浸透しています。安全性の確保が求められます。

2）不規則な労働時間

（1） ＪＲコンテナ集配作業の例

ＪＲコンテナの集配作業において、手待ち時間があるケースとないケースを比較したものを挙げておきます。運行数784件の内、半数以上の396件は、手待ちが1時間あります。

<表2-6 通運業界の手待ち・荷役時間の実態／1日の拘束時間とその内訳>

業務内容	点呼	運転	駅荷役	手待ち	荷役	付帯	休憩	不明	平均拘束時間	運行数
全体平均値	0:34	4:07	0:52	0:31	2:27	0:24	1:00	0:07	10:07	784
手待ち時間がある運行の平均値	0:33	4:02	0:52	1:01	2:21	0:18	1:02	0:05	10:20	396
手待ち時間がない運行の平均値	0:35	4:13	0:51	－	2:34	0:31	1:01	0:08	9:53	388

出所「JRコンテナの集配作業の効率化に向けた実態調査結果」日通総研全国通運連盟シンポジウム発表H27年10月8日

（2）小売業物流センターでのドライバー待機時間の例

日用品卸売業が、小売業K社物流センター2箇所（第1センター、第2センター）に167運行し、納品した時の事例です。待機時間は、センター到着から納品開始までの時間とします。

対象の167運行の内、1時間を超える待機は80運行ですので、48％になります。また、5時間以上待機するという異常なことが13運行（8％）あります。

納品時にK社入荷ソーターへの投入速度は、1口当り4.7秒かかっています。大型トラック1台当り平均576口積載していますので、約46分で降ろすことになります。この荷降ろし時間の対価は、現在は運賃に含まれていることになっています。本来的にはドライバーの仕事ではないでしょう。いずれ見直しの時期がくるでしょう。

こうした待機時間がなくなり、納品のオリコン投入時間が予定通りならば、K社への納品は、2運行/日から3運行/日が可能になり、車両が33％削減可能です。

第2章　経営環境としての労働力問題

<表2-7 卸売業から小売業K社への納品時待機時間調査>

納品時の待機時間	運行数計	第1センター計	月	火	水	木	金	土	第2センター計	月	火	水	木	金	土	計	構成比
待機無し	33	17	0	3	3	2	5	4	16	1	0	6	4	3	2	33	19.8%
1時間以内	54	33	0	8	6	4	3	12	21	1	5	3	4	4	4	54	32.3%
1～2時間	28	17	0	5	2	4	1	5	11	1	2	0	3	1	4	28	16.8%
2～3時間	20	12	1	1	0	1	2	7	8	0	0	0	1	1	6	20	12.0%
3～4時間	10	4	0	0	0	0	0	4	6	0	1	0	0	0	5	10	6.0%
4～5時間	9	5	0	0	0	0	2	3	4	0	0	0	0	0	4	9	5.4%
5時間超	13	10	0	0	0	0	0	10	3	0	0	0	0	0	3	13	7.8%
合計	167	98	1	17	11	13	11	45	69	3	8	9	12	9	28	167	100.0%

出所：日用品卸売業物流本部調査（期間 2012年2月～4月の3カ月間）。

（3）貨物の形状による作業時間の比較

　多くの物流センターでは、入荷作業は商品を搬入したドライバーが行っています。入荷作業の一つ目のやり方は、バラ貨物をドライバーが人手で降ろすことです。この時は、トラックから荷降ろしした貨物をパレットやカゴ車等に積み付けるか、入荷コンベアに投入作業をしています。いずれも作業時間がかかります。

　二つ目は、フォークリフトを使ってパレット積載のまま降ろす等があります。

　ドライバーが荷降ろしする時に、バラ貨物を手荷役で行う場合と、パレット荷役で行った場合との比較では、明らかにパレット荷役の方が生産性は上がります（表2-8）。T11型パレットの普及が待たれます。

<表2-8 貨物の形状による作業時間の比較>

	バラ積み貨物	パレット積み貨物	差異 時間	差異 倍数
1ケース当りに換算した所要時間	10.2秒	1.3秒	8.9秒	7.8倍
1パレット当りに換算した所要時間	5分19秒	1分24秒	3分55秒	3.8倍

出所「輸配送の結節空間・物流施設からIoTで全体最適化、2030年ビジョンを提示」㈱シージーシージャパン/グロサリー広域センター（川越市）調査『Material Flow 2017/6』元出所「平成28年度IoT推進のための新産業モデル創出基盤整備事業　IoTを有効に活用した全体最適なサプライチェーンシステムの構築調査事業報告書」平成29年7月　一般社団法人日本産業車両協会

3．労働集約型産業の物流業と労働力不足の影響

　生産年齢人口が減少していく中で、どの産業も多かれ少なかれ労働力不足になっていきます。中でも、労働集約型産業である物流業および企業内物流部門は、生産人口減少の影響を大きく受けています。

　庫内作業者が集まりづらいことや、フォークリフトの運転要員は需給が逼迫しています。いずれも時給が顕著に上がってきています。

　トラックドライバーの需給予測では、2020年には10万人前後の不足が見込まれています（表2-9）。

<表2-9　トラックドライバー需給の将来予測>

	2010年度	2020年度	2030年度
需要量	994千人	1,030千人	958千人
供給量	965千人	924千人	872千人
過不足	△29千人	△106千人	△86千人

出所（公社）鉄道貨物協会「平成25年度本部委員会報告書」平成26年5月。実質GDP 2011～2020年度において1.0％、2021～2030年度において0.7％と想定。

第3章　物流生産性

第1節　物流を評価する

　物流は、物流現場で働く方々の安全が確保され、顧客への品質が保証されてこそ、物流は成り立ちます。その上で、生産性の向上を図り、コストを低減します。日本ロジスティクスシステム協会が、2008年1月に「ロジスティクス評価指標の概要－荷主ＫＰＩ[1]－」を発表していますので、一部を編集して掲載します。

<表3-1 ロジスティクス評価指標>

レベル	指標	
経営指標	ROE（自己資本利益率）、ROA（総資本利益率）、売上高、営業利益、純利益等 営業利益率、純利益率等	
ロジスティクス評価指標Ⅰ（全社7指標）	1. コスト	売上高物流コスト比率、単位当り物流コスト、輸配送コスト、保管コスト、包装コスト、荷役コスト、物流管理コスト、
	2. サービスレベル（品質）	配送件数、誤出荷率、遅配・時間指定違反率、欠品率、荷傷み発生率
	3. 安全	安全性
	4. 在庫	在庫日数、棚卸差異率（帳簿在庫と実地在庫の差異）棚卸資産廃棄率、滞留在庫比率
	5. 返品	返品率
	6. 環境	輸配送によるCO_2排出量、
	7. 物流条件	配送先数、納品リードタイム、SKU数、最低配送ロット
ロジスティクス評価指標Ⅱ	全般	物流コスト比率（数量又は重量当り）、物流管理コスト・対物流コスト比率、物流クレーム発生率、入力等ミス率

第1節　物流を評価する

(部門指標:物流部門)	輸配送	輸配送コスト、 輸配送コスト単価（数量、重量、容積）、 運賃率（支払運賃÷トンキロ等）、 輸配送量（数量、重量、容積、トンキロ） 総走行距離：稼働率、実車率、 積載率 平均走行距離、輸送ロット（数量、重量、容積） 誤出荷率、遅配・時間指定違反率、荷傷み発生率
	保管	保管コスト、 保管量（数量、パレット数、重量、容積） 保管コスト単価（数量、パレット数、重量、容積） 在庫拠点数、保管効率（保管量÷面積） 在庫数量/在庫金額、 在庫日数、棚卸資産廃棄損、棚卸差異、滞留在庫比率
	包装資材・輸送容器	包装資材/輸送容器コスト、 包装資材/輸送容器コスト単価（数量、重量、容積当り）、 包装資材使用量、輸送容器補充コスト
	荷役	荷役コスト、荷役量（数量、重量、容積） 荷役コスト単価（数量、重量、容積） 人件費単価（人件費÷人時） ピッキング・仕分ミス率、荷傷み発生率 【入出荷作業】 作業効率（処理数量÷人時）、投入労働量（人、人時） 【ピッキング】 ピッキング効率（処理数量（行数）÷人時） 投入労働量（人、人時）、ピッキングミス率 【仕分】稼働率（処理数量÷処理能力）、 【流通加工】 作業効率（処理数量÷人時）、投入労働量（人、人時）

注1）KPI：Key Performance Indicator　重要業績評価指標のこと
　　　KGI：Key Goal Indicator　重要目標達成指標のこと。KGIを決めてKPIを設定。

第3章　物流生産性

　「ロジスティクス評価指標」は、安全・品質・生産性の順で読み込むことが、順当です。
　物流費を概括しますと、固定費と変動費に分けられます。
①固定費は、物量に関係なく発生する費用です。
構成する科目としては、
　・倉庫費（減価償却費若しくは借庫料）
　・設備費（減価償却費若しくはリース料）
　・システム費（減価償却費若しくはリース料）
　・社員人件費等があります。
②変動費は、主に物量に応じて発生する費用です。
構成する科目としては、
　・輸配送費と、
　・庫内作業費があります。
　輸配送費は、台数と1日当りの運行費の積で表すことができます。運行費の内、ドライバーの人件費が60〜70％を占めます。
　庫内作業費は、機能別に言えば、保管、包装資材・輸送容器、荷役に分かれます。荷役に関する庫内作業費は、投入した人時数と時給の積です。
　変動費は、物量に対して、投入した人時数又は台時数の「生産性」で検討できます。

$$生産性 = \frac{物量}{人時数又は台時数}$$

第2節　日本と欧米の生産性の違い

1．日本のサービス産業のＧＤＰ比率は高く、生産性[1]は低い

　サービス産業（第3次産業）のＧＤＰに占める割合は上昇傾向にあり、平成24年時点で7割超となっています[2]。因みに平成25年度「通商白書」によれば、卸・小売業、運輸・倉庫業、及び飲食・宿泊業の全産業に占める付加価値は、高い割合になっています。しかしながら、当該分野は、米国と比較した生産性が、とりわけ低くなっております。当該分野の生産性向上が、課題とされています。

注1）生産性の定義

　生産性は、output（産出）／input（投入）の関係を表す指標として、利用されています。生産性を計測する指標には、「労働生産性」および「全要素生産性（ＴＦＰ）」があります。一般に生産性とは、労働生産性を指すことが多く、労働者一人当り、または労働時間当りで生み出される成果を指標化したもので、以下の計算式で表されます。

$$労働生産性 = \frac{\text{Output（付加価値 または 生産量など）}}{\text{Input（労働投入量［労働者数 または 労働者数×労働時間］）}}$$

注2）出所「国民経済計算確報」内閣府：

　サービス産業GDPシェア推移：1970年47%, 1990年58%, 2010年71%。

　サービス産業GDP 計71.5%の内訳：電気・ガス・水道1.9%、卸売・小売業16.3%、金融・保険業5.2%、不動産業13.6%、運輸業5.7%、情報通信業6.3%、サービス業22.5%。

次頁 注3）出所：日本政策投資銀行「日本の非製造業の生産性低迷に関する一考察」2015年7月

次頁 注4）労働生産性の国際間比較では、各国毎の為替の影響がありますので、通常、購買力平価（Purchasing Power Parity）で行っています。購買力平価は、自国通貨と外国通貨との交換比率である為替相場は、それぞれの国内で両通貨が有する購買力の相対的大きさによって定まるという考えです。

2. 運輸・倉庫業に関する日米労働生産性比較[3]

運輸・倉庫業の労働生産性の対米比率は、購買力平価ベース[4]で、6割前後です。運輸・倉庫業の労働生産性が米国に比し低い要因は、総人口を基準としてみた場合、労働投入量の多さによるものと考えられます。労働投入量は、労働者数と労働時間の積です。

労働投入量（労働者数×労働時間）が多い要因は、次の通りです。

①労働時間（年間）では、日本の方が5%程度上回っていますが、大幅な差があるわけではありません。

②労働者数が主に起因

労働者数の規模を見ると、日本のほうが高水準で推移しています。労働投入量のうち労働者数が米国に比して多いことが、労働生産性を低迷させている要因になっています。

具体的に、運輸・倉庫業の労働者数対人口数の日米比較（2013年度）を行いますと、米国が1.5%弱、日本が約2.8%です。労働者数の絶対値は別にして、日本の方が運輸・倉庫業の労働者数の比率が高いことがわかります。従って、労働者数対人口数の米国対日本比率(1.5%÷2.8%)は53%強になっています。

更に、運輸・倉庫業の労働者数対人口数の細分類でみますと、一般貨物自動車運送業（トラック運送業）の米国対日本比率が43.3%ですので、比率でみますと、日本の方が多く従業していることになります。

③日本の事業所が零細で数が多い

労働者数が多いのは、日本の事業所が零細で数が多いためと考えられます。因みに、100人以上の事業所（2012年度）は、米国47,331社(22.1%)、日本5,946社(4.4%)です。1事業所あたりのGDPで見ると、米国が219百万円ですが、日本は173百万円と8割弱の水準になっています。

3. 日本の労働生産性は米国に比べて低い理由

①労働力投入の日米差は両国の産業構造の違い

労働力投入の日米差は、両国の産業構造の違いによる要因を多く含んでいると考えられます。日本の産業構造の特徴を踏まえた検討が必要です。この点は、日

米のトイレタリー業界の代表的なメーカーを比較して検証します。
②技術革新と資本投下の必要性

　過多になっている労働力に対して、技術革新と効果的な資本投下により、労働投入量が補完されることが必要です。技術革新面では物流作業に関連した省力化や自動化について検討し、資本投下については設備投資とその効果を検討します。

注．生産性に関係した論述は、官庁はじめ、民間諸団体が発表しています。
①「労働生産性の国際比較」2013年日本生産性本部
②「労働力不足問題について」平成26年3月3日国土交通省総合政策局物流政策課
③「サービス産業の生産性分析－ミクロデータによる実証－」2014年4月15日森川正之/経済産業研究所
④「サービス産業の生産性」平成26年4月18日内閣府
⑤「トラック運送業界における労働力不足の現状と対策」『物流問題研究(62) 2014 夏』井上豪/一般社団法人東京都トラック協会事業振興部事業振興課課長補佐
⑥「労働力不足問題と物流政策」平成26年10月30日国土交通省物流審議官羽尾一郎、全国通運連盟シンポジウムの資料
⑦「総合物流施策推進プログラム」平成26年12月25日総合物流施策推進会議
⑧「物流分野における労働力不足対策アクションプラン～仕事満足度と効率性の向上に向けて～」平成27年3月20日国土交通省
⑨「日本再興戦略」改訂2015－未来への投資・生産性改革－　平成27年6月30日
⑩「物流業界における労働力不足の現状と影響」平成27年10月8日杉山成城大学教授、運輸政策研究所所長、全国通運連盟シンポジウムの資料
⑪「企業の競争力強化と豊かな生活を支える物流のあり方～官民が連携して、「未来を創る」物流を構築する～」2015年10月20日一般社団法人日本経済団体連合会

第3節　日用品業界に見る製・配・販の生産性

1．日米トイレタリーメーカーの物流構造比較

　米国のP＆G社と日本の花王にみる日米の物流構造の違いを見ましょう。両社の違いは、店舗に商品を届ける流通経路や物流経路にあります。

　米国のP＆Gは、小売業と直接取引をしており、小売業の物流センターに対して、パレットに積載したケースで、一括大量輸送の物流をしています。

　日本の花王は、花王販社を通じて小売業と取引をしています。花王販社の物流センター（配送用のターミナルを含む）から小売業店舗へ多頻度小口配送、及び、小売業物流センターに総量納品、または店別仕分け納品をしています。

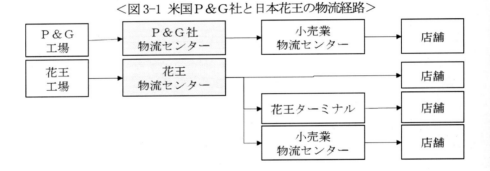

＜図3-1　米国P＆G社と日本花王の物流経路＞

　なお、日本のトイレタリーメーカーの物流経路は、「花王物流センター」を「卸売業」に置き換えてみることができます（下図）。

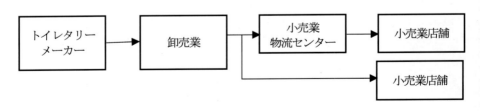

第3節　日用品業界に見る製・配・販の生産性

①米国Ｐ＆Ｇ社の物流センターは、パレットを主体とした運営です。
　Ｐ＆Ｇ社の物流検証は、同社の The Midwest Regional Distribution Center（ケンタッキー州）見学報告（1999年5月27日）をもとにしています。同センターの主要な仕様をあげておきます。
・平屋倉庫面積44.8万 Sq. Ft（200m× 200m、延床面積12千坪）
・出荷エリア17州、半径1,000マイル（1,600km）
・受注後24時間以内に発送。
・保管1,000アイテム、保管量100万ケース、出荷量1,450万ケース/年。
・1日当たり出荷数6～8万ケース、出荷台数60～80台。
・作業員78人、3シフト体制。
・入出荷46台同時着床可、トレーラー置き場75台。
　見学は、事前にＰ＆Ｇ社了解済みです。

②花王は、日本国内では、花王販売を通じて、小売店舗から受注に基づきピース仕分けまでが出庫作業の範囲です（図3-2）。

③物流センターの小分け機能の有る無しが、設備の違いを生み、庫内運営費等の差をもたらしています（表3-2次頁）。物流費の合計で見ると、Ｐ＆Ｇ59：花王100の比率と推定しています。結果ですが、運輸・倉庫業の労働生産性の対米比率が、6割前後に相当します。

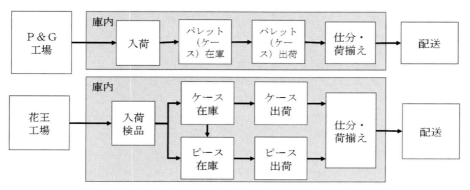

＜図3-2　米国Ｐ＆Ｇと日本花王の庫内作業フロー比較＞

第3章　物流生産性

<表3-2　P&Gと花王の物流費比較（1ケース当たり物流費に換算）>

会社	設備等償却費	庫内運営費	輸配送費	計	比率
P&G	6円	18円	50円	74円	59
花王	30円	46円	50円	126円	100

注1. P&G社の物流費は、The Midwest Regional Distribution Centerの見学データ、即ち、建屋が平倉庫、設備はパレットラック保管、ハンドリングはフォーク荷役で行っていることから推定しています。及び、『P&Gに見るECR革命』山崎康治著ダイヤモンド社刊を参考にしています。

注2. 花王の物流費は、1999年当時の推定値です。

2．日米の取引条件の違い

　日米のメーカーの事例で見ましたように、日米物流生産性の違いをもたらしているのは、構造的な要因からです。構造の違いは、取引条件の違いからです。その為に、ビジネスプロセスの違いをもたらしています。

　例を挙げると、受注単位の違いに代表されます（表3-3）。その結果、ピッキング作業の効率や、配送の積載率に大きな影響をもたらし、「P&Gと花王の物流費比較」（表3-2）にみるように、固定費と変動費の両方にコスト差を生み、変動費では、生産性の違いを生んでいます。

<表3-3　ビジネスプロセスとコスト増減>

ビジネスプロセス		コスト増減表
		コスト高　　　　　　　　　　　　→　　コスト低
受注	リードタイム	時間指定　　当日中　　翌日　　翌日以降
	単位	バラ　　内箱　　ケース　　パレット　　車単位
ピッキング		バラ　　内箱　　ケース　　パレット
配送	形態	宅配便　　特定積み合わせ　　引取又は自社配送
	届先	消費者直送　　　店舗　　　　物流センター
	荷姿	梱包　オリコン　ケース　カゴ車　パレット　車単位

第3節　日用品業界に見る製・配・販の生産性

3．日本と欧米の価格比較

日米間に取引条件の違いは、ビジネスプロセスの違いを生んでいます。それは、納入価格の考え方の違いから生じるのではないかと考えています。

（1）日本の納入価格

日本では、物流費が、納入側の納入価格に内包されています。したがって、物流費、販売費、センターフィー等のコスト内訳が、対外的には明らかではありません。この価格体系により、小売業は、店頭までのオペレーションの多くは納入価格に含まれている（コスト込み方式）と考えており、卸売業の納品サービスに依存してきました。

この意味では、納入側は、買い手側との間で仕入価格低下競争に陥っています。買い手側（小売業）は、納入側に納入価格低下と、高サービスを求めるために、納入側の物流費は高くなりがちです。

（2）欧米の納入価格

欧米では、小売業が中間流通機能をもち、メーカーとの直接取引が基本になっています。その為に、流通機能の係る費用が買い手（小売業）負担になります。この意味では、買い手側のコスト加算競争（コストオン方式）と言えます。仕入原価に対して、自社の裁量で粗利益を確保するために主体的な経営が求められます。

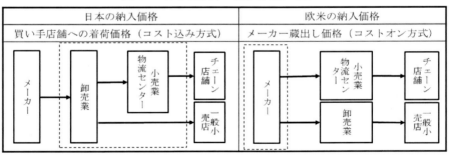

＜図3-3　日本と欧米の納入価格の違い＞

第3章 物流生産性

4．企業間インフラ整備
(1) 企業間インフラ整備課題
　企業間取引は、グローバル化しております。国内の製・配・販の関係は、取引条件を始め、旧来からのしがらみが強く働いています。官官・官民・民民がどのように連携し、どのように変えていくかが課題です。
　企業間にかかわる事項は、インフラ整備に関わります。整備されますとコスト構造が劇的に変わります。インフラ整備課題としては、次の点があります。
①取引条件は、生産性の違いを生みます。
　「2．日米の取引条件の違い」参照。
②情報化としては、EDI（流通BMS等）によるデータ交換を行うことです。事務処理は、欧米に比して、人手がかかっている分野です。
③標準化の例としては、ユニットロードがあります。ユニットロード化として、コンテナ、パレット等の陸海空にわたる輸送容器の標準化を図ることです。欧米・アジアとのグローバル対応や、設備自動化の諸前提になります標準化は重要事項です。パレットの普及率は、日本は30％台、欧州は70％台です。
④輸配送の共同化は、企業間で輸配送の共同化を図ることです。個別企業を見ますと、少量多頻度で全国に輸送していることが多く、一貫パレチゼーションですら果たせない企業もあります。

(2) ユニットロード化
①T11のサイズは国際的に汎用性がある
　国内ではT11（木製若しくはプラスチック平パレット）対応で自動倉庫やパレットラックを作ってきています。
　パレットサイズは、汎用性のある輸送機関（トラック、コンテナ等）の荷台寸法から決めます（表3-4）。

<表3-4　輸送機関の荷台寸法>

輸送機関	型式	荷台 内寸幅	荷台 内寸長さ	床面積
1．トラック積載11.25トン		2,350mm	8,900mm	20.92㎡
2．JRコンテナ5トン	型式19D	2,275mm	3,647mm	8.30㎡
3．ISO国際貨物コンテナ	型式1A	2,330mm	11,998mm	27.96㎡

第3節　日用品業界に見る製・配・販の生産性

　トラック、JRコンテナ、国際貨物コンテナで、パレット最大枚数を積載できるのは、国際的に使われているパレットの中では、T11型パレットです(表3-5)。

<表3-5　輸送機関別パレット型別パレット最大積載枚数>

パレット型	パレットサイズ	トラック11.25トン パレット積載枚数	床面積載効率	JRコンテナ5トン19D パレット積載枚数	床面積載効率	国際貨物コンテナ1A パレット積載枚数	床面積載効率
T11型	1100×1100	16枚	93%	6枚	88%	20枚	86%
T12型	1200×1000	14枚	80%	4枚	58%	20枚	86%
T13型	1400×1100	12枚	88%	4枚	75%	16枚	88%

②国際貨物コンテナ、JRコンテナ、パレットの寸法規格
a. 国際貨物コンテナの寸法規格（ISO）

<表3-6　国際貨物コンテナ>

形式	外のり寸法 (mm) 高さ	幅	長さ	最小内のり寸法 (mm) 高さ	幅	長さ	最大総質量 (kg)	備考
1AAA	2,896	2,438	12,192	2,566	2,330	11,998	30,480	JIS
1AA	2,591	2,438	12,192	2,281	2,330	11,998	30,480	JIS
1CC	2,591	2,438	6,058	2,281	2,330	5,867	24,000	JIS
1C	2,591	2,438	6,058	2,134	2,330	5,867	24,000	JIS

注．JISから見て一部を掲載

b. JRコンテナ（一般運用）寸法規格

<表3-7　JRコンテナの寸法規格>

コンテナ形式	内法寸法 (mm) 高さ	幅	長さ	内法寸法 (mm) 高さ	幅	内法寸法 (mm) 高さ	幅	内容積 (㎥)	荷重 (t)	扉位置 片妻	片側	両側	保有数
19D	2,252	2,275	3,647	—	—	2,187	3,635	18.7	5.0			○	32,456
19F	2,232	2,325	3,586	2,200	2,315	2,200	3,523	18.6	5.0	○	○		2,693
19G	2,232	2,325	3,587	2,158	2,307	2,187	3,525	18.6	5.0	○	○		14,815

注．JRの他のコンテナには、一般運用コンテナとして、12フィート通風コンテナ。限定運用のコンテナとして、12フィート背高コンテナ、12フィート・コンテナ（荷崩れ防止装置付）、20フィート・コンテナ、31フィートウィング・コンテナがあります（日本貨物鉄道㈱H27年4月1日現在）。

第3章　物流生産性

c. 世界主要国のパレット寸法規格

<表3-8　主要国のパレット寸法>

国別／規格名	ISO	日本／JIS	韓国／KS	台湾／CNS	中国／GB	米国／ANSI
種類	6	7	7	6	4	12
寸法	1100×1100 1067×1067 1140×1140 1200× 800 1200×1000 1219×1016 (48×40インチ)	一貫輸送用T11 1100×1100 1100× 800 1100× 900 1100×1300 1100×1400 1200× 800 1200×1000	一貫輸送用T11 1100×1100 1100× 800 1100× 900 1100×1300 1100×1400 1200× 800 1200×1000	一貫輸送用T11 1100×1100 1100× 800 1100× 900 1200×1000 1200× 800 1200×1400	800×1200 800×1600 1000×1200 1100×1100	1219×1981 1219×1219 1219×1067 1219×1016 1219× 914 1168×1168 1118×1118 1067×1067 1016×1016 914× 914 1194× 889 762× 762

国別／規格名	独逸／DIN	英国／BS	スウェーデン／SIS	豪州／AS	旧ソ連／GOST	スイス／SNB
種類	10	4	4	2	4	1
寸法	平パレット800×1200 800× 800 1000×1200 ボックスパレット他 800×1200 800×1600 1000×1200 1000×1600 1000×2000 1200×1600 1200×1200	1200× 800 1200×1000 1140×1140 1219×1016	800×1200 400× 500 600× 800 1200×1600	1100×1100 1165×1165	800×1200 1200×1600 1200×1800 1000×1200	800×1200

注．「物流・マテリアルハンドリング標準化戦略推進調査」平成28年3月物流標準化懇話会を参照。

5．生産性向上のパラダイム

　物流は、生産性を構造的に変える、つまり、人に頼らない仕組みにしていかないと、やっていけない時代になります。物流は、日々の現場の努力によって生産性を改善していくことから、マネジメントと自動化設備によって生産性を抜本的な改革を図る時代になっています。生産性向上に関わる企業間及び企業内の関連を一覧表にしておきます。

　企業間の取引という社会全体を考えることから出発したほうが、企業間や日本国内全体の生産性は劇的に上がります。

　日々の企業経営の現実の中では、企業内努力を重ねて、生産性を向上させ、競争に打ち勝つことが求められます。

第3節　日用品業界に見る製・配・販の生産性

<図3-4 生産性向上のパラダイム>

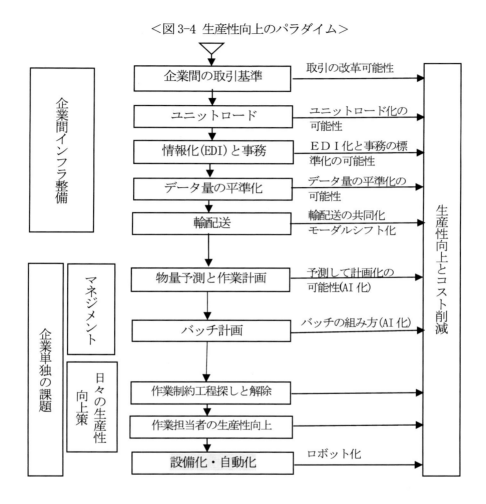

第3章 物流生産性

第4節　卸売業の生産性向上を巡る諸問題

1．日用品サプライチェーン

　日米のトイレタリーメーカーから小売業までの物流構造の違いを、物流経路、物流費、取引条件とビジネスプロセス、取引価格で明らかにしました。この項では、日用品卸売業をモデルにして、庫内作業と輸配送の生産性を具体的に検証してみます。

　日本における日用品のサプライチェーンを原材料メーカーから消費者に至る過程を図式化すると、次のような構造になっています。

<図3-5 日用品サプライチェーンのモデル図>

　日本のサプライチェーンにおいて、卸売業は中心的な働きをしており、卸売業の顧客サービスレベル（取引条件等）から見た物流作業関連を図示します。

<図3-6 卸売業の顧客サービスレベルから見た関連図>

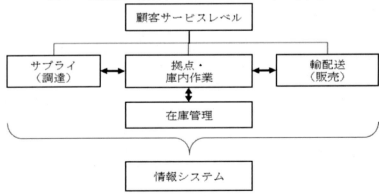

第4節　卸売業の生産性向上を巡る諸問題

　拠点を中心にしますと、サプライ（調達）、庫内作業、輸配送（販売）の順になります。庫内作業がよく注目されますが、むしろ、それらのバックにある在庫管理と情報システムに着目しておくことです。
　在庫管理は、顧客の品揃えと売り場作りに関係してきます。財務的には資金におおいに影響します。また、情報システムは、顧客サービスレベルから始まって、在庫管理に至るすべてをコントロールしています。
　卸売業の物流作業関連をモデル化しますと、次の図のようになります。

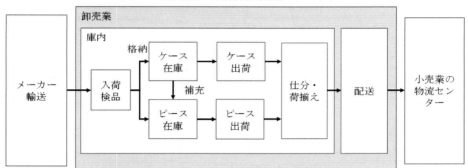

＜図3-7 卸売業の物流作業関連モデル図＞

　卸売業の業務プロセスと物流フローの関係を図示（図3-8次頁）しておきます。物流フローの中で、ケースピッキングやピースピッキングに、摘み取り方式と種蒔方式の二つが書かれています。
　摘み取り方式は、受注データに基づき、伝票単位にピッキングしたり、アイテム総量でピッキングしたりします。
　種蒔方式は、バッチ単位に総量で摘み取った商品を店別や部門別に仕分けする方式です。

第3章　物流生産性

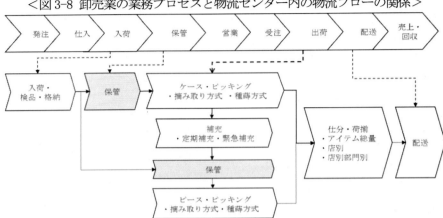

＜図3-8 卸売業の業務プロセスと物流センター内の物流フローの関係＞

2．卸売業のサプライチェーンに関連する物流諸課題
1）物流センターの工程別に見た投入人時数
①入荷時の積み降ろし

　多くの現場では、ドライバーがトラックから人手で積み降ろしをしています。また、物流センターに到着して入荷する迄に、待機時間が長いことが問題になっています。

　輸入品の国際貨物コンテナのデバンニングも人手作業の為に、問題になっています。特に夏場は、コンテナ内の温度は40℃前後になっており、労働環境面で課題になっています。

　パレットに積載していますと、フォークリフトによる積み降ろしが可能ですが、トラックやコンテナ共に、容積勝ちの商品の積載容量を多くすることや、少量荷物の為に、パレットなしが見受けられます。

②ケース系統

　ピッキング作業、補充作業、搬送作業、荷揃えと積み付け作業を自動化することは可能ですが、投資額の面から、多くの物流センターは人手に頼っています。

③ピース系統

　ピッキング作業は、人手中心の作業です。投入人時数から見ますと、投入人時数が一番多い作業工程です。

④荷揃えの積み付け・出荷時の積込

　荷揃え場等でパレットやカゴ車へ商品の積み付けをします。オリコンは、積み付けロボット化ができています。ケースは、荷姿がサイズの大小や重さの軽重がさまざまあり、積み付けする時に人手を使っています。
　また、荷揃え場からトラック迄の搬送と積み込みが人手です。

2）取引条件と情報化

　日本では、納入側で小売店頭の補充を念頭に置いて部門別に仕分をして、出荷をします。それが、物流センターで出荷に当り人時数がかかる理由にもなっています。
　ＥＯＳによる発注は行われていますが、代金決済までのＥＤＩは普及しきれているとはいいがたい状況です。発注側も納品側もデータでやり取りする情報化が進みますと、事務にかかる人手作業が大幅に減ります。流通ＢＭＳの普及が待たれます。

3）ユニットロード

　作るところから消費されるところまでのサプライチェーンは、人手作業をかけないためには、どのようにユニットロード化するのかが課題です。
　1970年にパレットをT11に標準化しましたが、その普及は現在30％を超える程度です。欧米のパレット普及率70％台に比べると比較にならない状況です。1企業だけで取り組める問題ではありません。ユニットロードの一貫化がどの段階まで可能かを検討するには、サプライチェーンの流れを見ます（図3-9次頁）。
　卸売業と小売業では、店舗毎のオーダーピッキングが行われます。図でいえば、A系列のユニットロードが、B系列ではバラされているのは、その為です。
　卸売業若しくは小売業物流センターでカゴ車に積み込むと、カゴ車のタイプによっては、売り場迄カゴ車で搬入できます。

第3章　物流生産性

<図3-9 サプライチェーンのパレットとロールボックスパレットの流れ>

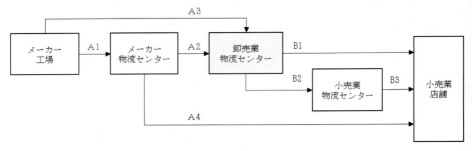

A系列（A1～A4）：平パレット
B系列（B1～B3）：ロールボックスパレット（通称：カゴ車）が多い
　卸売業と小売業では店舗からの受注によってピッキングが行われますので、A系列の一貫パレチゼーションがばらされます。

4）設備化の可能性
　上掲の1）から3）までを考慮して、どこを設備化すると、物流にかかる人時数を下げることができるのかに関わります。

5）輸配送
　輸配送の問題は、入荷までの待機時間が長いこと、ドライバーによる手荷役が多いこと、平均積載率が40％であること、実車率が50％を切っていること等が挙げられます。従来からの慣行が、トラックを実車で走らせ、生産性を上げたくても、そうできない制約が数多くあります。

6）マネジメント
　生産性向上を巡って、企業間及び企業単独とも、各種のアプローチがあります。
　労働力が減少していく中で、生産性を向上する省力化・自動化の設備投資を、企業自ら図るかどうかです。企業単独の経営判断で行える省力化・自動化の設備投資について検討します。
　また、物流をマネジメントしていく上で、物量予測と作業計画化が鍵です。

第5節　生産性向上

1．物流作業のムラ・ムリ・ムダの発見と改善
　生産性を考える時は、対象となる作業を行う価値があるかどうかや、人が作業を進める中で、ムラ・ムリ・ムダがあるかどうかを見つけることから始めます。
（1）物量にムラがないか
　ムラ・ムリ・ムダの関係は、物量に多い時や少ない時があるように、物量に「ムラ」があるから、ムリとムダが発生します。物量が多い時に、従業員に負荷がかかり「ムリ」な働きをします。物量が少ない時には、従業員に余剰が起こり「ムダ」な働きになります。「ダ・ラ・リの帯を締めよ！」(図3-10)は、ムダ・ムラ・ムリからムを取って、標語にしたものです。

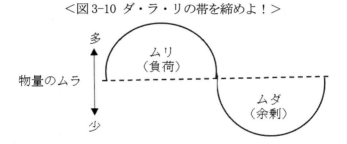

＜図3-10　ダ・ラ・リの帯を締めよ！＞

　ムラ・ムリ・ムダを見つけ、それらを取り除くと、改善ができます。中でも、物量のムラによって生産性が上がったり下がったりする時は、物量を平準化することが、改善の一番のコツです。
　しかし、卸売業と小売業の取引関係を考えると、平準化はすぐにできることでしょうか。
　現在の小売業と卸売業の関係や、店舗が置かれている販売状況からしますと、店舗の販売数量は日別に大きく変化します。消費者の購買行動と店舗の販促によることが多い為です。例えば、給与は毎月下旬頃に支給されますが、その週に合わせて、店舗のチラシ等の販促活動を行うことがあります。また、土日の来店客が多いために、販売量が増えます。従って、店舗の発注もそれに応じていますの

で、物量の山谷があります。
　こうした店舗販売量の変化がありますので、納品する側で物量の予測が重要になってきます。物量予測については後述します。
　別の方法としては、物量の変化に応じて作業に投入する人時数を変えるやり方があります。これについても後述します。

（2）作業を3つに分解
　作業の内容を作業価値に従って、3つに分解すると、次のようになります。
①付加価値を生む作業
　顧客がお金を払ってでもやってもらいたいことです。
②付加価値を生む作業を行うために行う作業
　付加価値を生まないが、やむを得ず行わなければならない作業の例として、準備・後片付け、移動、検査等があります。
③明らかなムダ
　作業の重複や作業待ち等がいい例でしょう。
　以上の②と③が、非付加価値作業です。
　ピッキング作業時間の改善を図ることを例にしますと、①に相当するのが、ピッキングです。②が準備・後片付け作業、移動に当たります。

<表3-9　付加価値を生む作業とピッキング作業>

作業の価値		ピッキング作業の例
①付加価値を生む作業		ピッキング
②付加価値を生む作業を行うために行う作業	非付加価値作業	準備・後片付け作業、移動
③明らかなムダ		作業の重複、作業待ち等

第5節　生産性向上

ピッキング作業を行う時に、発生しがちなことを取り上げて、表にしておきます。

<表3-10　作業の価値とピッキング作業の例>

作業の価値	ピッキング作業の例
①付加価値を生む作業	・ピッキング
②付加価値を生む作業を行うために行う作業	・やり方がわからないムダ→作業の標準化 ・準備にかかり過ぎるムダ→準備工程の短縮 ・歩行・移動のムダ 　→動線の短縮、移動をなくす ・チェックがかかり過ぎるムダ 　→チェック時間の短縮、品質工程の改善 ・帳票のムダ→電子化（ペーパーレス）
③明らかなムダ	・手待ちのムダ→手待ちの削減 ・商品を探すムダ→探す行為の削減 ・ヒトが多過ぎるムダ→過剰な人員の削減 ・ミスのムダ→ミスの撲滅 ・故障・停滞のムダ→安定稼働

2．生産性を向上するには
1）ピッキング作業と生産性

　生産性の向上は、まず、「明らかなムダ」をなくすことです。次に「付加価値を生まない作業」を削減、若しくはゼロ化することです。更に「付加価値を生む作業」のやり方を変えることです。

　生産性向上の例として、ピッキング作業を取り上げます。ピッキング作業を分解すると、既述したように、3つの作業に分けられます。即ち、準備や後片付け等の作業、ピッキング作業、ピッキング間口への移動作業です。

　ピッキング作業時間は、次の式で表せます。

ピッキング作業時間＝準備等の時間[1]＋ピッキングの時間[2]＋移動の時間[3]

第3章　物流生産性

1) 準備等の時間は、1回の作業に取り掛かる時間と作業終了時の固定時間(秒/回)
   但し、人別の準備等の時間は、バラつきます。
2) ピッキングの時間＝ピッキング秒数(秒/個)×個数
3) 移動の時間＝移動秒数(秒/m)×{往復の移動平均距離m＋商品間の移動平均距離m×(行数－1)}

2）生産性の式
①作業の生産性は、次の式で表せます。

$$作業生産性 = \frac{物量}{総人時}$$

②生産性を改善するには
　物量を増やすか、総人時を減らすか、その両方を行うかです。
　例えば、ピッキング作業時間の中で、「準備等の時間」や「移動時間」をゼロ化して、「ピッキングの時間」に集中できれば、生産性は向上します。

<表3-11　生産性を上げるには>

物量を増やす	総人時（人数×時間）を減らす			
^	人数を減らす	時間を減らす		
^	^	拘束時間＝就業時間＋休憩時間　　　　　就業時間＝作業時間＋待機時間		

3）生産性の時間定義

　生産性の基本である時間を定義しておきます。（　）内の時間は、例示です。
- 拘束時間（9時間）＝就業時間（8時間）＋休憩（1時間）
- 就業時間（8時間）＝作業時間（6時間）＋待機時間（2時間）
- 作業時間（6時間）＝実際に作業に関わっている時間
- 待機時間には、ミーティング、研修、清掃、作業間の手待ち、小休憩等があります。

　作業時間が計上される活動には、入荷、ケース出庫、補充出庫、ピース出庫、荷揃え、庫内事務、配送、その他輸送、配送管理等があります。これらは、ＡＢＣ[1]原価分類工程に分類されます。作業工程別・個人別に投入されている時間を計測できるようにシステム化しておくことです。

<表3-12　時間定義と原価分類工程>

時間定義			作業時間が計上されるＡＢＣ原価分類工程 （対象範囲：入出荷〜配送）								
拘束時間9H	就業時間8H	作業時間6H	入荷	ケース出庫	補充出庫	ピース出庫	荷揃え	庫内事務	庫内管理	配送	その他輸送	配送管理
^	^	待機(2h)	作業間の手待ち、小休憩 ミーティング、研修、清掃等								
^	休憩(1h)										

4）ピース作業移動時間の短縮改善事例

　ピース作業エリアで、出荷量の多い商品が分散配置、即ち、ＡＢＣ混在で配置されていました。これを、出荷量のＡＢＣに従って商品別に出荷エリアを分けたところ、ピッキングエリアは1.4倍広くなりましたが、移動距離が短縮され、移動時間が年間575時間削減されることになりました。

注1) ABC: activity based costing 活動基準原価計算

第3章　物流生産性

<表3-13　ピース出荷動線の短縮事例>

比較項目		現状	変更後	
ピッキングエリア	床面積	1120 ㎡ 横50.0m×縦22.4m	1580 ㎡ 横50.0m×縦31.6m	
	出荷ＡＢＣ品の配置	ＡＢＣ品混在配置	Ａランク品 Ｂランク品 Ｃランク品	横50.0m×縦16.2m 横50.0m×縦 5.6m 横50.0m×縦 9.8m
	Ａ品出荷構成比	85%	85%	
歩行距離	平均移動距離	25.0m＋11.2m	Ａランク品 25.0m＋8.1m	
	Ａ品歩行距離	52.1m	44.6m	
	歩行距離計	62.3m	55.4m	
歩行秒速		1.0m/秒	1.0m/秒	
歩行時間 （歩行距離計÷歩行秒速）		62.3秒/アイテム	55.4秒/アイテム	
削減効果		(62.3秒－55.4秒)×300 千アイテム/年＝575 時間/年		

３．生産性を上げる具体策

（１）物量を増やす／１単位（１回）当りの物量を大きくする

①庫内作業単位毎の大量化

　庫内作業の作業単位当たりの物量が大きくなれば、アイテム毎のピッキング回数が減り、１ピッキング当りの量が大きくなるので作業効率は上がります。

②車両大型化

　輸送容器の能力が大きければ、多く運べますので、１単位（１回）当りの原価は下げられます。

（２）人時を減らす／１単位（１回）当りの作業時間を短くする

③移動距離の短縮化（直通化・短絡化）

　作業は、どこからどこへ（From-To）という形で移動します。移動距離が、短い方が時間短縮になります。物量分析によって、多く出荷される商品のピッキング間口を、荷揃え場近くに配置する方が移動距離は短くなります。（前述の「４）ピース作業移動時間の短縮改善事例」参照）。

　また、荷揃え場は作業単位毎にまとめると移動距離は短くなります。

④作業動作の短縮化（作業動作標準化）

　作業工程毎の作業動作は、標準化をして、マニュアル化します。

⑤作業の一貫性（商品に触らない工夫）

　ユニットロード（パレット等）により作業の効率化を図ります。商品毎の接触回数を減らすことが、コツです。例えて言いますと、商品に指紋をつけない工夫、即ち、作業工程を減らすことです。

⑥連続性（待機時間ゼロ化）

　作業工程間を連続化して、待機時間をゼロ化することです。

⑦平準化（投入人時数の一定化）

　時間毎に、作業物量を一定化して、投入人時数を一定化することです。その為には、制約工程の発見とその解決が必要です。

（3）人による生産性のバラつきをなくす

　人の生産性は、個人別に大きくばらついています。人の育成は、時間と費用が掛かります。作業のマニュアル化を図り、教育訓練によって、個人別の生産性の違いを改善します。下表は、初期の平均生産性が441p/人時だったのを、3ヶ月後に平均生産性を571p/人時にしている事例です。ヒストグラムの最多頻度が、初期の400p/人時台50人から3ヶ月後に500p/人時台60人に上昇しています。

生産性(p/mh)	200	300	400	500	600	700	800	900	計	生産性
初期の人数	20人	30人	50人	30人	20人	10人	10人	0	170人	441p/mh
3か月後の人数	0	0	30人	60人	40人	20人	10人	10人	170人	571p/mh

生産性 200　300　400　500　600　700　800　　　　生産性 400　500　600　700　800　900 P/人時
単位：ピース/人時

（4）物流現場でムラ・ムリ・ムダを見つける目の付け所

<表3-14 目の付け所と重み付け・評価>

項目	重み	目の付け所	5段階評価	a×b
1.在庫		①置く場所は決まっているか		
		②置き場所の表示はされているか		
		③先入れ先出しはできているか		
		④在庫量は適正か		
	a	5段階評価の計	b	
2.作業		①作業方法は標準化されているか		
		②手待ちが発生していないか		
		③動線が長くないか		
	a	5段階評価の計	b	
3.物の流れ		①物の流量は常に一定か		
		②物が滞留していないか		
		③物が逆行していないか		
	a	5段階評価の計	b	
4.安全		①危険な作業はしていないか		
		②危険物の管理は適切か		
		③危険な箇所はないか		
	a	5段階評価の計	b	
5.設備・レイアウト		①動線が長くないか		
		②表示や区画線は明確か		
		③現場に不要物はないか		
		④物流機器・システムに不良、故障はないか		
	a	5段階評価の計	b	
6.情報		①指示系統は明確か		
		②指示タイミングは適切か		
		③必要な情報はいつでも取れるか		
		④情報は常に最新のものに更新されているか		
	a	5段階評価の計	b	
7.管理		①計画と実績が明確になっているか		
		②作業の遅れ・進みがわかるようになっているか		
		③異常時に誰が何をするか明確か		
		④作業者任せになっていないか		
	a	5段階評価の計	b	
8.その他		①衛生面に問題はないか		

		②従業員のしつけや、教育はできているか		
	a	5段階評価の計	b	
計	100%	合計（最大5点×27＝135点）		

4．生産性向上のコツ

　作業の制約条件を発見して、解除することです。即ち、現場を見るときに、作業を一番遅らせている制約作業工程がどこかを探し、何がその工程を遅くするのか、その制約を解くことから始めます。

　解決しましたら、次に制約になっている工程を改善します。

　全体の工程が、同期化して動くようにしますと、スループットが上がりますし、生産性も良くなります。

5．庫内作業の自動化による生産性向上

　作業への投入人時のゼロ化を図るために、自動化（ＡＩ化・ロボット化）するための開発と投資を行うことです。生産性の計算式では、総人時の内、投入人数をゼロ化できれば、生産性は投入時間に従うことになります。即ち、設備能力が所定の時間でこなせるかどうかになります。

$$作業生産性 = \frac{物量}{総人時} \Rightarrow 作業生産性 = \frac{物量}{総時間}$$

<表3-15 生産性を改革する自動化の例>

作業の価値	庫内作業の自動化例	
①付加価値を生む正味作業	PLAN	・作業計画に関わる物量の予測とシステム化・AI化を図ります。
	DO	庫内作業の自動化を検討することです。 ・ピースピッキングロボット（自動化） ・ケースピッキングロボット（自動化） ・梱包の自動化 ・自動搬送ロボット（AGV） ・積み付け・積込・積み降ろしロボット
②付加価値を生む作業を行うために行う作業	人の移動をゼロ化には、棚移動システム（KIVA、Racrew、Butler等）を採用します。	
③明らかなムダ		

6．3Sの徹底

　生産性の向上を行う時に、忘れてはならないことがあります。それは、「整理・整頓・清掃」の3Sです。

　3Sによって、安全性の向上や、労働環境の改善に貢献します。作業場所や設備をメンテナンスしておきますと、異常や故障の未然防止になります。結果として、作業の品質や生産性が上がることになります。

　決められたことを決められた通りに、正しく実行できるように、3Sで現場を整えておくことです。

　手順としては、まず、整理から行い、整頓、清掃へと進みます。

①整理

　整理は、必要なものと不要なものを区別し、不要なものを処分することです。職場には必要なもの以外は一切置きません。在庫の減少や、スペースの拡大になりますので、作業の効率が上がります。

②整頓

　整頓は、必要なものが、誰にでも、すぐに取り出せる状態にしておくことです。探す無駄の節約や、運搬時間の減少になります。

③清掃

　清掃は、ゴミなし、汚れなしの状態にすることです。何よりも安全に寄与します。例えば、ビスやナットが落ちていることにすぐ気付きますので、異変が起きたことすぐにわかります。また、社内外の物流センターに対する印象度が上がります。

第3章　物流生産性

＜第3章のまとめ＞

生産性を改革するにはどうするのか

作業の価値	現在のやり方 「生産性の改善」 ムリ・ムダ・ムラをなくす	今後のあり方 「生産性の改革」 人の手をかけない
①付加価値を生む作業	・ピッキング	・制約工程の発見と解除 ・AIによる物量予測と作業計画作り ・設備の自動化
②付加価値を生む作業を行うために行う作業	・やり方がわからないムダ→作業の標準化 ・準備にかかり過ぎるムダ→準備工程の短縮 ・歩行・移動のムダ→動線の短縮、移動をなくす ・チェックがかかり過ぎるムダ→チェック時間の短縮 ・帳票のムダ→電子化（ペーパーレス）	・設備の自動化によって、人に関わるムリ・ムダをなくします ・自動化の要素技術によっては、段階的に進むことがあります。例えば、移動時間をなくす為に、棚移動システム、在庫管理とピッキングへの移動をオートストアで行い、その後ピッキングを自動化することです。
③明らかなムダ	・手待ちのムダ→手待ちの削減 ・商品を探すムダ→探す行為の削減 ・ヒトが多すぎるムダ→過剰な人員の削減 ・ミスのムダ→ミスの撲滅 ・故障・停滞のムダ→安定稼働	・自動化すれば、人が作業に関わるミスはなくなります。 ・安定稼働は、自動化設備であると、より一層求められます。その為に、要員が作業者ではなく、エンジニアが必要です。

第5節　生産性向上

＜閑話休題1＞
「コンコルドの誤り」
　あるオスの鳥が一羽のメスを気に入って、せっせとエサを貢ぎます。ところが、メスは相手にしてくれません。オスはそのまま求愛を続けるのでしょうか。
　それまで求愛につぎ込んだエサや労力が無駄になるとバカらしいので、求愛を続けるだろうという見方があります。行動生態学ではこうした見方を「コンコルドの誤り」といいます。英仏共同開発の超音速旅客機コンコルドの開発途中で採算が合わないと分かりましたが、それまで費やした巨費が無駄になるとして開発が進められることになぞらえた言葉です。実際の動物の行動は、過去の投資の大きさにかかわりなく、将来の見通しと現在の選択肢によって決まるように進化してきたといいます。
出所：毎日新聞2005年6月18日余録欄、編集

第4章　物流技術の方向

第1節　物流技術の背景

1．構想力（ソフト）とハード

　『日本の技術　いまが復活の時』水野博之著から、著者の知人である米国人の発言を引用します。

　「ハードの世界では、日本はたしかに卓越したものを持った。これは、私も認める。しかし、今後はハードをどう使うか、いや、どんなハードを構想し、そこからどんな社会を描き出すか、という時代に入っていくと思う。

　この構想力を広い意味でソフトと呼ぼう。こいつは見えない。これに反して、ハードは確実に見える。見える世界での物づくりと、見えない世界での物づくりは、本質的に違う。それは、ワラジを編むことに熱中する人は、殿様になれないのと一緒だ。

　マイクロプロセッサを見たまえ。これは、見かけはハードだ。しかし、内容は文字通りソフトだ。人間の構想力の魂が、その中のROMというメモリーに入ってこれを動かしている。コンピュータは、ソフトがなければただの箱だ。ソフトが、ハードのなかに入り込み、これを支配している。マイコンの生命はソフト、いわば構想力なのだ。

　この例にみるように、いまからの付加価値は、ソフトに移っていく。構想力に移っていく。結果として、ハードがある、というわけだ。メモリーは、ハードの塊であり、誰にだって作れる。真似ができないのは、個々の人間の独創性だ。こいつこそ、人間を、人間らしくしている。」

　技術が直面している本質的な問題が、語られています。日本における、いままでの技術の多くは、原型のあるものを、いかに良くて安く作るかということでした。しかし、コンピュータは、コンセプト（ソフト）が先行する商品（ハード）です。ハードを見ただけで、その機能がわかるわけではありません。物流設備もまた然りです。自動倉庫、コンベア、ソーター、デジタルピッキング設備、ＲＩＯＳ（シャトル式自動保管・仕分け機）、ＣＭＳ（ピッキングカート）、ＧＡＳ（ゲートアソートシステム）、ＨＴ（ハンディターミナル）等といった物流設備があっても、ボタン一つでその機能を動かせるわけではありません。物流機器（ハー

ド）は、運営ソフトが動かしています。

　「いかに作るよりも、何を作るか」、または「どう処置するかより、どう構想するか」への変化と言ってよいでしょう。見えないところに、仕事の重点が移っています。構想力やコンセプトが、ハードを左右しているのです。

　物流自動化技術の開発を、構想、技術レベルと投資額から考えることです。これからの時代、「人が人らしくある」とは、どういうことなのかを考えざるを得ません。日本は、これからも人口減少が続きます。生産性を大胆に上げるには、人に変わって、作業を自動化することです。その為のハードの開発を進めることです。

２．システム技術と要素技術

　1960年代、アメリカ人の興味を沸き立たせた２つの技術があります。一つはケネディ元大統領によって計画された「月に人を送り込む」ことです。二つ目は、ＲＣＡ社の技術者によって提案された「平板テレビ」です。

　結果は明白です。月への到達は、1969年に成功しています。平板テレビは、1998年1月当時でも、完成していませんでした。その間に、ＲＣＡ社は潰れています。その違いは、何でしょうか。

　月への到達技術は、「システム技術」です。システム技術は、すでに確立している部品を、信頼性高く組み立てる技術です。

　平板テレビ技術は、多くの「要素（コンポーネント）」毎の技術革新を必要とします。要になる液晶は、実用化されるまでに、実に100年の年月を必要としました。

　今、物流技術は、どちらの技術を目指しているのでしょうか。自動化設備を、開発していくのは、「システム技術」でしょうか、「要素技術」でしょうか。

　忘れてはならないことがあります。コンピュータは、ソフトがなければただの箱です。ハードのないソフトも、絵に描いた餅に過ぎません。このことを心に刻むべきです。

　自動化設備を実現していくためには、先行する「構想力」があって始めて、ハードは生きます。一方、しっかりした強い「ハード」があってこそ、構想は生きてきます。24時間365日安全かつ安定稼働し、所定の品質を保持し、生産性を上げる為には、ＩｏＴやＡＩ、またロボットハンドのような新たな「要素技術」の開発が必要です。強いハードを開発する、あるいは強い機器を選択して、体系的に「システム技術」としてまとめ上げることです。

3．時代の波

今日、コンピュータやネットワークの世界は、急激に変わってきています。

昭和30年代から50年代は、大型コンピュータとそれに繋がれた端末機との間で、定量データを処理する時代でした。

平成になってからは、ネットワーク（通信回線網）があって、サーバーとクライアントが繋がれたオープンなネットワーク時代になりました。

今日、センサー技術を組み込んだ、巨大な定量・定性データをリアルタイムに取り扱うソーシャルネットワークの時代になってきています。定量化されていない定性データ（非構造化データ）が、ビッグデータとして処理されるようになりました。即ち、インターネット、センサー、デジタル・テクノロジーのリテラシーが当たり前に求められています。経営者においても、経営判断上、情報化に対するリテラシーは当然求められます。

マーケティングにおいては、「個」を掴み、個に応じてカスタマイズすることが可能になっています。定期的に分析される伝統的なマーケティング指標だけではありません。市場にあふれている消費者の口コミ情報等から、消費者がその商品をどう見ているのかを、テキストマイニング技術で見える化できます。センサー技術を使って、市場動向からリアルタイムに需要予測をして、市場に連動した生産が可能になってきました。発生しているデータから未来を予測して活用する時代になってきています。

今までは、メーカーが商品を作り、消費者に普及するという考え方です。「３Ｄプリンタ」[1]の登場は、ユーザー自身がイノベーションして、アイデアを形にして、世に問うことができるようになりました。ユーザーが商品を開発して、他のユーザーに普及することができるようになっています。生産技術の点でも、カスタマイズが可能になっています。

マネジメントの本質は、変わらなくても、実践するスピードは早くなっています。

注1）『MAKERS 21世紀の産業革命が始まる』C.アンダーソン著 関美和訳 NHK出版 2012年10月
　　『ユーザーイノベーション』小川進著 東洋経済新報社 2013年10月

4．ＩＴ

ＩＴ（information technology）は、産業の姿を変えてきております。ＩoＴ（internet of things）、ビッグデータ、ＡＩ（artificial intelligence）に関連したＩＴ技術の進歩は目まぐるしいものがあります。従来のインターネットは、ヒトがＩＴ機器を介してインターネットにつながる世界でした。ＩoＴは、身の回りにあるモノにセンサーが組み込まれて、直接インターネットにつながる世界です。ＩoＴは、1企業内だけの閉じた世界から企業間をまたがって広がっていきます。

企業の経営スタイルは、人に依存することからＩＴをベースにしたものにより志向するでしょう。ＩoＴ、ビッグデータ、ＡＩ、ロボットが、人々の暮らしやビジネスを変えていきます。

1）ビッグデータとは

ビッグデータは、新聞の朝刊１０万年分に相当するという数百テラバイト（10^{12}）以上の膨大なデータです[1]。しかも、構造化されていないデータも含まれており、既存のプログラムでは処理できないような巨大で複雑なデータです。

データが巨大であることは、サンプルではなく、全体を見渡した分析が可能です。したがって、仮説や先入観に縛られずに、相関関係やセグメンテーションから「何か」を発見できます。

経営者のデータセンスの戦いになります。データ分析者の仮説や目のつけどころが勝負になります。

企業のＰＯＳデータや顧客情報のほか、最近は交流サイト（ＳＮＳ：social networking service）上の書き込みなど、インターネット上で個人が発する情報が急増しています。最新技術を用いて解析することで、消費行動などの予測に役

注1）バイトの単位

キロバイト	10^3	1千
メガ	10^6	100万
ギガ	10^9	10億
テラ	10^{12}	1兆
ペタ	10^{15}	1,000兆
エクサ	10^{18}	100京
ゼタ	10^{21}	10垓

立つと期待されています。ビッグデータから個を掴む、購入前の顧客動向を検知して、データから「未来を予測する」ことに活用され始めています。

　グーグル、アップル、フェイスブック、アマゾン、マイクロソフト等といった現在のインターネット業界を席巻する企業の成功要因には、共通項があります。

　それは、ＡＩの「技術」と共に、「データ」を持っていることです。後者のデータに関して言えば、企業が日々蓄積し、分析している膨大なデータ、即ち「ビッグデータ」を活用していることです。

　アマゾン社は、商品の購買履歴や閲覧履歴といったユーザーに関する膨大な行動履歴データを分析し、行動履歴の類似したほかのユーザーの購買履歴と照らし合わせて、適切な商品を推奨します。即ち、「この商品を買った人は、こんな商品も買っています」という商品の「レコメンデーション・システム」です。

２）ＢＩとの違い

　ビッグデータは、従来のＢＩ（business intelligence）と、何が違うのでしょうか。世界最大の小売業"ウォルマート"を持ち出すまでもなく、従来から売上や在庫データ等のトランザクションデータをリレーショナルデータベース化して分析するＢＩは存在しています。

　ビッグデータは、売上や在庫データ等の数値データ化された「構造化データ」だけではありません。構造化されていないデータ、即ち「非構造化データ」があります。非構造化データとして扱うデータの多様性とデータの発生頻度の面で、学ぶべき点があります。

　非構造化データの例としては、次のようなデータがあります。
・ウェブのクリックストリームデータ
・ソーシャルメディア上のテキスト
・人と人とのつながり（フェイスブック）
・センサーデータ
　（センサーネットワーク／自動販売機、公共バスや自動車の運行管理システム、GPS機能搭載のスマートフォン、Suica等の交通系ICカード等）

データは、各所から上がってきますし、各々のデータベースに書き込まれるでしょう。データベースの構造も、単純にリレーショナルデータベースだけではなく大きく変わっています。収集したデータを元の形式で記録しながら一元的に蓄積するやり方に変わってきています。

フルに活用するには、データベースを統合して一元管理できるようにしておくことです。

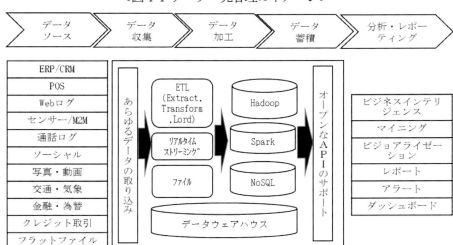

＜図4-1 データ一元管理のイメージ＞

3）ビッグデータから個をつかむ

企業が必要とする情報は、「過去から現在に何が起きたか」から、過去のデータを読み取ったうえで、「これから何が起きるか」に移っています。ビッグデータは、購入前の「個」の顧客動向を検知し、データから未来を予測することに活用され始めています。

スーパー「ターゲット」（米国）が、2012年1月に発行したクーポンの事例[1]が有名です。ターゲット社は、ミネソタ州に住む女子高校生に揺籠とベビー

注1）事例の出所『売れる仕組み集客の秘密』「週刊ダイヤモンド2013/02/16号」

服のクーポンを送りました。ターゲット社は、女子高校生の購入履歴 から妊娠中の女性特有の購買行動を読み取りました。つまり、妊娠初期の女性は、カルシウム、マグネシウム等のサプリメントを、妊娠中期には無香料のローションを購入する傾向があります。購買行動の「予測モデル」から女子高校生が妊娠中であり、出産予定日を推定し、クーポンを送りました。

　それを見た父親は、店に抗議しました。その後、父親は、娘の妊娠が事実であることをわかりました。

第2節　ＩｏＴからＡＩへの進展

１．ＩｏＴ、ビッグデータ、ＡＩの関連
　ＡＩに関連する全体像を理解するために、日本電気㈱代表取締役会長遠藤信博氏のＡＩに関する発言を取り上げます。

１）質のいいＡＩには、質のいいデータとアナリティクスがいる
　データ自体は、世の中に溢れていますが、そのままでは使えません。データを、アナリティクス（解析）にかけられるように、より質の高いデータに変換する必要があります。例えば、ビデオの動画データは、そこから人の動きや顔の特徴、年齢の推定等を経て、良質化し、有用な情報になります。
　「質のいいＡＩ」ができるには、
　一つ目は、ベースになるのが「質のいいデータ」です。それがなければ、質の高いＡＩは作れません。
　二つ目は、機械学習や深層学習の「アナリティクス」の力です。

２）ビッグデータ
　ビッグデータは、30年前から使われていました。最近改めて話題になっていますのは、ビッグデータをリアルタイムで処理できるようになったからです。従来は、分析するのに月単位や1年単位でした。ビッグデータは、リアルタイム性を持つことによって、価値を高めたのです。
　一つひとつのデータからは見えないことが、データがたくさん集まると、見えるようになります。この点が、ビッグデータの基本的な価値であり、ビッグデータの面白さです。
　例えば、車のワイパーです。車のワイパーから、オン・オフと、どの速さで動いているかという２つのデータがとれます。走っている車から、ワイパーの２つのデータを万単位で集めると、どこで、どのくらい雨が降っているかという雨雲の動きを推定できます。このように、フロントガラスの雨をぬぐうというワイパーの動き（データ）を、リアルタイムで把握することで、新たな情報として「雨雲の動き」が得られることになります。

第4章　物流技術の方向

3）IoT

　優れたIoTの仕組みを作ると、良質なビッグデータの構築ができます。例えば、画像認識は、データの良質化で精度を高められます。顔認証システムでは、画像から顔のデータを取り出し、誰であるかを判別して、初めて良質なデータになります。これは、相関関係の技術で定義してやれば、画像からいろいろなデータをピックアップできます。「そこに人が集まった」「人がどう流れているか」などです。ビッグデータであるそれらをマッピングすれば、人が動いている原因と、人の動きの関連性を見ることができます。だから、何をデータ化するか、何を良質化するかは大変重要です。

　もう一つ注意すべきことは、「データは過去のもの」であるということです。古いデータからでは、現在の推定は難しいのです。なるべく新しいデータを活用し、ナレッジ（知識）を常に修正しながら、推定の正しさを増していかなくてはなりません。

　その手段の一つが、IoTです。IoTで新しいデータをリアルタイムに取り込み、ナレッジの確かさを向上させることで、近未来の推定が、より正しく行えるようになります。リアルタイムのデータで、少し先の推定の確からしさを増していくことにIoTを活用することですし、IoTが最も得意とすることです。

　データをリアルタイムで集めるには、そのためのプラットフォームが必要です。IoTは、次の3つが揃うと実現できます。

　①リアルタイムにデータを集める「ネットワーク」
　②データを処理する「コンピューティングパワー」
　③アナリティクスの「ソリューション力」

　過去のビッグデータとリアルタイムのビッグデータは、違っていますし、別物です。同様に、古いデータを使ったAIと、IoTによるリアルタイムデータを使ったAIとは、全く違ったものと考えています。

　良質なデータは、最終的に、どんなAIを作り上げるかをイメージできていないと、定義することはできません。AIを効率的に作り上げようとするなら、その関連データをうまく集めることが重要です。

　だから、IoTは、サイバー空間にデータをインプットする時、その品質やインターフェイスを決めておかねばなりません。その定義が、AIの質を決めることになります。

ＩｏＴを動かすときに、必要な条件が２つあります。
一つ目は、ＩｏＴに連携する情報インターフェイスを作る能力。
二つ目は、ＩｏＴに直接ネットワークが繋がるために不可欠となるセキュリティ能力[1]。
　この２つの能力を持たないと、企業や組織はＩｏＴに参加できません。特に、セキュリティを整備することは非常に難しく、24時間監視するセキュリティサービスが必要です。日本の企業の90％以上は中小企業です。中小企業がＩｏＴにどれだけ参加できるか、どの程度活用できるかは、トータルとしてのＩｏＴの質に関わってきます。
　いろいろな価値をＩｏＴで作り上げるには、できるだけ多くの人の参加をイメージしておくことです。中小企業は、限られた領域であっても、質の高い仕事をしていますから、それらがサプライチェーンに組み込まれていくことが重要です。

４）ナレッジ（知識）

　良質化したデータに、良質なアナリティクスをかけてできるのが、「ナレッジ」です。ナレッジ（知識）は、原理原則を理解すること、つまりＡという現象が起きると、Ｂが起きるかも知れないという知識です。これによって、何かが起こった時の結果が、推定できるようになります。より確かな推定ができるナレッジを持つことが重要です。したがって、ＡＩは、高い確率で推定を可能にすることが一番の役割です。

５）ＡＩ

　ＡＩをどういう形で良質化するかは、人間が決めなければなりません。
　サプライチェーンを例にするならば、リアルタイム性が重要です。ＩｏＴを導入して、リアルタイムにデータを集め、どんなＡＩを作るのかが課題です。
　輸送において突発的な事故や異常気象が発生した際に、ＡＩを活用して最適解

注１）ＩＴ分野のセキュリティでは、サイバー攻撃の手口として、2016年に発生したランサムウェア（身代金要求型不正プログラム）が有名です。他には、標的型攻撃、ＤＤｏＳ（分散型サービス妨害）等があります。また、IoTが進みますと、制御システム分野（OT: operational technology）も、外部からの侵入と合わせて、内部からの接続にも、セキュリティ上は十分な対策が必要です。

を見つけるとしましょう。突発的な現象が起きた時にはもう遅く、「起きそうだ」という推定ができて、初めて有用な情報になります。さらに、「どの道路が使えなくなりそうだ」「その場合、どのルートを使うべきか」といった判断ができる情報が必要です。

　つまり、ＡＩを何のために使うのか、目的に応じてデータを意識して集めなければならないのです。その為、ＡＩの目標設定と、オープンデータからどんなデータを取り出し、何をしたいのか、十分なデスカッションが必要です。ＡＩの機能は、基本的には「推定」と「対処」です。

　物事の判断には知識量だけではない部分があります。機械に任せていい判断と、人間が判断すべきものがあります。その切り分けを明確化して、人間社会を形作っていく必要があります。

　ＡＩの特徴の一つは、効率（エフィシエンシー）を上げられることです。

　二つ目の特徴は、何らかの機会を最適化（オプティマイゼーション）することが可能です。最適化の意味合いを明確にするために、自動的に「場合分け」をする機能を設け、パラメータによって場合毎に答えをたくさん作ります。この切り口から見るとこれが最適、この切り口ではこちら、その中ではこれが最善です、という見せ方があります。

　ロボットもＡＩそのものなので、人の代替としての価値を作り上げることができますし、無駄をなくすことができます。無駄の排除はこれからますます重要になります。

　地球規模で言えば、世界の人口は、30年後には90億人と現在の1.3倍になります。都市化率は、現在の50％から70％に上がると予測されています。従って、エネルギーは1.8倍、食料は1.7倍、水は1.6倍必要とされるでしょう。エネルギーをいかに効率的に使うか、あるいは無駄な食料のデリバリーがあってはいけません。その仲介をしているのが、サプライチェーン・マネジメントです。ＡＩによるサプライチェーン・マネジメントの最適化が必要です。

　日本のトラックの積載率は約40％とされています。例えば、積載率を60％にすることで、人手不足も大きく改善します。積載率約40％を60％にするには、ＩｏＴの活用があり、求貨・求車システムを活用することでしょう。また、車のシェアリング（共同利用）です。

　その際に、どのくらいの大きさ・重さの荷物がどこにあり、どれ位の積載量や設備を持った車が必要なのかといったデータが、リアルタイムに常に回っていな

第2節　ＩｏＴからＡＩへの進展

ければなりません。そのデータを出せないとＩｏＴに乗せられません。ＩｏＴに連携できる能力とネットワークのセキュリティが不可欠です。

注1）第2節/第1項は、「ＩｏＴ/ＡＩはサプライチェーン・ロジスティクスをどう変革するか」『MATERIAL FLOW 2017.5』を基に、筆者が編集しています。

注2）NECが、最先端ＡＩ技術群として例示していること
（出所：ＮＥＣアナリティクス・サービス・コンピテンスセンターのカタログ）
　ＡＩは、人間の知的活動をコンピュータ化した技術であり、サイバー空間でより高度な「見える化、分析、対処」の実現に貢献します。
図式化しますと、下記のイメージになります。

見える化		分析		対処
データ良質化	五感による識別・認証	意味・意図理解	解釈付き分析	計画・最適化
画像鮮明化	顔認証①	テキスト含意認識③	異種混合学習	自律適応制御◎
学習型超解像◎	指紋認証②	群衆行動解析◎	インバリアント分析◎	予測型意思決定最適化◎
マルチモーダル画像融合◎	物体指紋認証◎	時空間データ横断プロファイリング◎	自己学習型システム異常検知	
	耳音響認証◎	顧客プロファイリング	予測分析自動化◎	
	光学振動解析◎	音状況認識④	高精度分析	
	音声・感情認識		RAPID機械学習	
			免疫機能予測◎	

◎Only1の略
①米国国立標準技術研究所（NIST）主催の評価タスクで4回連続第1位
　ＮＥＣは機械学習を使い、顔写真の特徴から誰であるかを判定するテストのエラー率を5年間で3％から0.1％未満迄改善しています。
②NIST主催の評価タスクで5回第1位
③NIST主催の評価タスクで第1位（2012年）
④音響検知の国際コンテストDCASE2016で第1位（2016年）

第4章　物流技術の方向

注3) 官民データ活用推進基本法が、2016年12月7日参議院本会議で可決成立しました。同法律で初めて定義された用語としては、次の例があります。
・ＡＩ（人工知能関連技術）
　人工的な方法による学習、推論、判断等の知的な機能の実現及び人工的な方法により実現した当該機能の活用に関する技術。
・ＩｏＴ（インターネット・オブ・シングス活用関連技術）
　インターネットに多様かつ多数の物が接続されて、それらの物から送信され、又はそれらの物に送信される大量の情報の活用に関する技術。
・クラウド（クラウド・コンピューティング・サービス関連技術）
　インターネットその他の高度通信ネットワークを通じて電子計算機（入出力装置含む）を他人の情報処理の用に供するサービスに関する技術。

２．ロジスティクス情報システムの構造

物流に関するロジスティクス情報システムを５つの階層[1]に整理しますと、次のようになります。ＩｏＴは、①と②に関係します。

①デバイス層
　サーバー、ＰＣ、センサー等
②通信層
　Wi-Fi(無線LAN)
　Bluetooth(近距離無線通信)
　IBeacon
　MVNO(mobile virtual network/仮想移動体通信事業者)
　RFID (radio frequency identifier)
③データ層
　オンプレミス型
　クラウド型
　　AWS/amazon社、BlueMix/IBM社、Google/グーグル社、
　　Azure/Microsoft社等
④アプリケーション層
　アルゴリズム
⑤ＡＩ層
　Google、IBM/Watson、AWS（アマゾンウェブサービス）等。
　この３社は、膨大なデータを集める仕組みを作り上げています。

注1)　「シーオス－アルゴリズムの開発に特化する－」『LOGI-BIZ JUNE 2016』

第4章　物流技術の方向

3．IoT
1）IoTの説明
　IoTについては、『IoT技術テキスト－MCPC／IoTシステム技術検定対応－』モバイルコンピューティング推進コンソーシアム（MCPCと略す）監修が参考になります。IoTの広範な技術習得に必要な知識を体系的にまとめていますので、IoTシステムを構想、設計、構築、運用するための基礎知識が習得できます。次頁以降に章立てを掲載しています。

2）IoTの導入
　企業でIoTを導入するには、次のステップを踏みます。
①メンバーを選定して、IoTプロジェクトチームを立ち上げます。
②プロジェクトメンバーでIoTの導入目的を決めます。
　目的は、ROA（総資本利益率）の向上を目指して、収益性（売上高経常利益率）と効率性（総資産回転率）に関わる点から決めるとよいでしょう。
③IoT企画検討
　業務にかかわる課題や問題点を抽出します。適用業務等を洗い出します。
　適用業務の優先順位と、IoT導入の計画（ロードマップ）を作成します。
④パイロットプロジェクト
　小さな規模で実証実験を繰り返し、IoTの取り方等の効果を確認します。
⑤本番プロジェクト開始

IoTの参考図書
『ソーシャルマシン』P.センメルハック著 小林啓倫訳 KADOKAWA 2014年4月
『決定版インダストリー4．0』尾木蔵人著 東洋経済新報社 2015年10月
『日本型インダストリー4．0』長島聡著 日本経済新聞出版社 2015年10月
『IoTまるわかり』三菱総合研究所 日経文庫日本経済新聞出版社 2015年10月
『IoTビジネスモデル革命』小林啓倫著 朝日新聞社 2015年12月

第2節　ＩoＴからＡＩへの進展

『ＩoＴ技術テキスト』の章立ては、下記のようになっています。

第1章　ＩoＴ概要
- 1-1　ＩoＴ概要
- 1-2　ＩoＴシステム構成
- 1-3　ＩoＴシステム構成技術

第2章　ＩoＴシステム構築技術
- 2-1　ＩoＴシステム構成
- 2-2　ＩoＴデバイス
- 2-3　ＩoＴエリアネットワーク
- 2-4　ＩoＴゲートウェイ
- 2-5　広域通信網（WAN）
- 2-6　ＩoＴサーバー

第3章　ＩoＴ通信方式
- 3-1　ＩoＴエリアネットワーク無線
- 3-2　ＩoＴゲートウェイ
- 3-3　広域通信網（WAN）
- 3-4　プロトコール
- 3-5　ＩoＴの通信トラフィックの特性

第4章　ＩoＴデバイス
- 4-1　センサーの基礎
- 4-2　各種センサー
　　　光、温度、湿度、ひずみ、圧力、加速度、ジャイロ、全地球衛星測位システム(GNSS)、超音波、磁気、化学、バイオ、ウェアラブル生体
- 4-3　アクチュエータ（回転アクチュエータ、直進アクチュエータ）
- 4-4　センサーの信号処理
- 4-5　画像センサー
- 4-6　MEMS(micro electrical mechanical system)

第5章　ＩoＴデータ活用技術
- 5-1　ＩoＴデータ活用の概要
- 5-2　データ分析手法（統計解析、機械学習等のＡＩの基礎）
- 5-3　データ処理方式（バッチ処理、ストリーミング処理）
- 5-4　データ活用技術
- 5-5　ロボットとＩoＴ

第4章　物流技術の方向

第6章　IoTシステムのプロトタイピング開発（試作）
　　6-1　IoTプロトタイピング開発検討概要
　　6-2　IoTプロトタイピング・ハードウェア環境
　　6-3　IoTプロトタイピング・プログラミング事例
　　6-4　IoTプロトタイピング・ソフトウェア環境
　　6-5　IoTシステムのプロトタイピング開発における課題・対策
第7章　IoT情報セキュリティ
　　7-1　IoTにおける情報セキュリティ
　　7-2　脅威と脆弱性
　　7-3　セキュリティ対策先技術
　　7-4　国際標準と法制度
第8章　IoTシステムに関する保守・運用上の注意点
　　8-1　保守と運用
　　8-2　IoTの契約形態
　　8-3　匿名化
　　8-4　BCP(business continuity plan)
　　8-5　CCライセンス(creative commons license)

第2節　IoTからAIへの進展

3）物流の生産性はIoTが進めばより見える

　今まで、人が経験や勘に頼って行っていましたプロセスを、IoTはデータに置き換えていくことで、新たな価値を生み出していくことができます。

　物流では、モノの流れ、人の動き、設備の稼働、システムの動き等のデータをリアルタイムに捕捉していくことで、プロセスを変えることができます。

　そのために、IoTをベースにリアルタイムでデータを捕捉する仕組みを作ります。下図は、モノ、人、設備、システム等からリアルタイムでデータを収集し、データベース化して、AIによってマネジメントに結び付けることをイメージした例です。

＜図4-1　物流におけるIoT・ビッグデータ・AI＞

データのオープン接続化　　　　　データベース　　　　リアルタイムで見える化
　　　　　　　　　　　　　　　（ビッグデータ）　　　データを経済的価値に変換

"リアルタイム"で
データ収集例
・作業者コード
・作業工程コード
・設備コード
・品目コード
・商品荷姿（形態）
・寸法・重量
・在庫場所・
　ロケーション
・物量
・作業場所(From To)
・作業開始時刻と
　作業終了時刻
・車両コードと
　配送コース
・車両GPS
・販売先と納品先
・仕入先等

・作業工程図
・作業員の配置
・作業員の移動
　（無線HT等/GPS）
・作業員別生産性
・設備制御(コンベア
　等)からの各種データ
・設備故障データ
・故障診断
　（連続稼働時間、
　　通過物量、
　　電流波形、
　　室温、
　　湿度、
　　音、
　　振動等）

マネジメント・サイクル（P・D・C・A）

・IOTによるデータの収集・蓄積
　「現状を知る」
　（センサーとモニタリング技術）
・AIによるデータの加工・分析・予測
　課題の発見
　「計画作りと計画/実行の差異」
　「最適化案」
　「故障の予知」
・人の判断と意思決定、
　人に代わるロボット化

97

第3節　ＡＩ

　経営には、オペレーショナル・マネジメント思考とストラテジック・マネジメント思考の両方が必要です。物流組織を経営する時、業務の性格からオペレーショナル・マネジメント思考を強く求められます。日々物量は変化しますが、今日も明日も顧客からの受注に基づき、納品を行うことをきちんと維持することです。その点からも、物流では、ＡＩを使いこなす意義があると考えています。

１．ＡＩの歴史
１）1950年代
　1950年代のＡＩ第一次ブームの時に「推論」や「探索」が実現しました。その後、解きたい問題を探索・推論問題として記述することが困難だと判明しました。

２）1980年代
　1980年代には「エキスパートシステム」が、知識を基に問題を解くことを実現しました。産業界の専門家（エキスパート）が蓄えた専門知識やノウハウをルール化して、コンピュータに移植したからです。
　しかし、私たちが生きている現実の世界は、無数の例外や微妙なニュアンスにあふれています。人間ならそれらを柔軟に対処して、問題を解決していけます。「人の常識」を教えることの難しさに直面し、超えることができませんでした。ルールに従うＡＩ（エキスパートシステム、又は記号処理型ＡＩ）では対応しきれませんでした。

３）2010年代
　2010年代は、コンピュータ自身がデータから傾向や特徴を学び、自ら答えを出す「機械学習」という技術が進歩しています。それには、三つの要因があります。
・アルゴリズム（計算方法）の開発
・大量のデータによる学習の可能性
・並列処理等の高速でデータ処理ができるコンピュータの登場
　機械学習の中で、次の点が際立っています。
①自動で特徴を探す
　機械学習というアルゴリズムは、大量のデータから、自動で「特徴」を探します。

②目を持った機械の誕生

地球の生命体進化の歴史で、カンブリア紀（5億4200万年前〜5億3000万年前）に、生命体大進化の基になる「目の誕生」[1]がありました。更に進化した人の脳では、網膜からの信号を脳の視覚野で受けて、眼が機能します。

機械学習の一つである深層学習（ディープラーニングともいう）の特徴は、脳科学の成果を取り入れて、人間と同じような認識や理解の仕方に近づいていることです。イメージセンサーが、網膜の働きをします。脳の視覚野の働きが、深層学習です。深層学習により「目を持った機械」が誕生しています。

ＡＩは、2015年2月に、人以上の精度でモノが見えるようになりました。この技術は、ロボットにも搭載されて、人間のように外界を認識し、器用に動くことができる次世代ロボットの誕生を促しています。

4）産業界との関わり

産業界におけるデータマネジメントの新潮流と、ＩｏＴ、ビッグデータ、ＡＩの関係を一覧にしておきます。

<図4-2　ＩｏＴ・ビッグデータ・ＡＩと産業界の関係>

業種	製造	流通	輸送	金融	医療
データ取得	ＩｏＴ等（センサー、ウエアラブルデバイス、ポイントカード、スマホアプリ等）					
データ分析	ビッグデータ					
	ＡＩによる分析手法					
業界構造を変える動向	インダストリー4.0	オムニチャネル	自動運転	Fintech	遺伝子検査、データヘルス計画

出所「ビッグデータがあらゆる産業を変えていく」杉本明彦著『顧客を掴むためのマーケティング・セールス戦略とデータ活用』2015年7月、一部筆者編集

注1）『眼の誕生　カンブリア紀大進化の謎を解く』アンドリュー・パーカー著　渡辺・今西共訳　草思社　2006年3月

2．AIの種類
1）コンピュータは計算と記憶ができる
　コンピュータができることは、「計算」と「記憶」です。計算は、素晴らしい速さでできます。記憶も膨大な量を蓄えることができます。これが今日のビッグデータに繋がっています。

　しかし、コンピュータが、膨大なデータを記憶し、蓄積するだけでは、何も生まれません。「事実」即ち「データ」をどのように読む（分析・加工）のか、コンピュータでいえば計算させるかにあります。

　「記憶」と「計算」という二つの能力を使って、コンピュータが問題を解決できるように、人が「プログラム」を組んでいます。AIでは、こうしたコンピュータの計算能力と記憶能力を使い、探索をするか、若しくは探索と評価を組み合わせて、シミュレートしています。探索も評価も計算できるようにプログラムすることから始まります。

2）AIは、汎用AIと特化型AI
　AIは、現在のレベルでは万能ではなく、AIに対する考え方や使い方次第です。AIには、汎用AIと特化型AIがあります。

　「汎用AI」は、人と同じように考え、行動することを再現しようとするものです。別名「強いAI」と呼ばれます。開発はなかなか進んでいないようです。

　「特化型AI」は、人が頭で行っている作業の一部を機械に行わせようとするものです。別名「弱いAI」と呼ばれます。現在開発されているAIの多くは、特化型AIです。例えば、自動運転、お掃除ロボット、AlphaGo等です。その為に、「機械学習」が使われています。

　AIで機械学習を進めて行くでは、正解のデータがなければ、学習することができません。大量のデータが必要な所以です。今後、1年間に生み出されるデータ量は、IoTもあり、飛躍的に増えていきます。

3．AIと人
1）人だからできること、AIにできないこと
　データに応じて様々な技術を使い分ける知恵が必要でしょう。AIには、機械学習（深層学習含む）の技術があります。AIによる予測システムに適したアルゴリズムがあります。

多彩なデータを解析することで、物事の因果関係や相関関係などが明らかになります。例えば、個々の消費者に向けた精度の高いターゲティング広告や、新しい商品開発になるでしょう。マーケティングの手法が消費者の「個」に対応するように変わってきています。

　仮説を立て、その結論に適合する例を探して、証拠があるではないかという仮説検証型のやり方があります。膨大なデータ（事実）を使って、仮説を検証することができます。理路整然とした答えまで導きます。

　次に、仮説が正しいかどうかを検証する唯一の方法は、現実に世の中がどのように動いているのか、事実だけを集めて（収集・蓄積）、事実をどのように読むのかにあります。

　自動車の発展を見ますと、馬車が、蒸気機関車や内燃機関付の車に代わりました。将来、車が自動運転になると、今の車のように、運転することから乗り方が変わっていくでしょう。

　未来は、我々が形成できるのです。我々がどのように努力し行動するかで、明日の姿を変えることができます。産業界は、ＩｏＴ、ビッグデータ、ＡＩというデータマネジメントを変えることによって、変わっていきます。

　何よりも大事なことは、未来という「行先を決める」のは、人であることです。ですから、行先を決める力を高めることです。

　ＡＩにできないこと、人だからできることは、
・ビジョンや夢を描くこと
・意思を生み出し、示すこと
・人を巻き込むこと、があります。

２）ＡＩのボトルネック

①意思があるか

　人が課題を解決しようとしますと、まず、計画（PLAN）を立てます。

・計画の内容は、目的や目標を決めます。目的は、問題を認識するからこそ設定できます。場合によっては、中間目標を設定します。
・問題がある現状を理解した上で、課題を構造化し、仮説検証を行い、対策を決めます。
・組織に伝達して、実行します。

　ここで大事なことは、最初の「どうしたい」「どうなりたい」という「意思」に当たるところです。ＡＩは、ソフトという機械であるために、「意思」は存在

しません。なりたい姿や目指すイメージなど想定しようがありません。
②身体と知覚を持っているか

　ＡＩは、人のように「身体」を持っていませんので、人のような「知覚」をすることはありません。人が感じている色は、鳥や犬とは違います。同様に、人とは違った知覚の世界を持たせることは、今後とも研究開発されるでしょう[1]。

注1）電磁波は、空間の電場と磁場の変化によって形成される波（波動）です。光（赤外線、可視光線、紫外線）や電波は、電磁波の一種です。可視光線は、ヒトの目で見える波長で、光のことです。可視光線より波長の短いものを紫外線、長いものを赤外線と呼びます。可視光線より波長が短くなっても長くなっても、ヒトの目には見えません。太陽光をスペクトル分解すると、その多くは可視光線です。太陽光の多くを占める波長域が、可視光線の領域だったからこそ、人間の目がこの領域の光を捉えるように進化したと解釈できます（Wikipedia 電磁波と可視光線を参照）。

<波長による電磁波の分類>

分類	波長 nm=10^{-9}m	周波数（振動数）THz	光子のエネルギー eV
ガンマ線	< 0.01	> 3×10^7	> 1×10^5
X線	0.01-10	3×10^7 - 3×10^4	1×10^5 -100
紫外線	10-380	3×10^4-800	100-3
可視光線	380-760	800-400	3-1.6
赤外線	760-1×10^6	400-0.3	1.6-1×10^{-3}
電波	>1×10^5	< 3	< 0.01
マイクロ波	1×10^5 - 1×10^9	3-3×10^{-4}	0.01-1×10^{-6}
超短波	1×10^9 - 1×10^{10}	3×10^{-4} - 3×10^{-5}	1×10^{-6} - 1×10^{-7}
短波	1×10^{10} - 1×10^{11}	3×10^{-5} - 3×10^{-6}	1×10^{-7} - 1×10^{-8}
中波	1×10^{11} - 1×10^{12}	3×10^{-6} - 3×10^{-7}	1×10^{-8} - 1×10^{-9}
長波	1×10^{12} - 1×10^{13}	3×10^{-7} - 3×10^{-8}	1×10^{-9} - 1×10^{-10}
超長波	1×10^{13} - 1×10^{14}	3×10^{-8} - 3×10^{-9}	1×10^{-10} - 1×10^{-11}
極超長波	1×10^{14} - 1×10^{17}	3×10^{-9} - 3×10^{-12}	1×10^{-11} - 1×10^{-14}

注2）ＡＩは、センサー次第では、対象物を可視光線の領域を超えて、人とは違った見方ができます。例えば、昆虫が見ている花は、花芯部分が他とは違って見えますが、人にはそれが見えません。また、ＡＩは、光だけではなく、音、臭い、味、温度、湿度、振動等と、人の肉体的な限界を超えて、違った世界を構築することが可能です。ＡＩの使い方次第では、人には認識できない別の世界を広げることができます。人が直接的に感じることができない世界が広がった時に、人はどのような反応をするでしょうか。宇宙との一体感を味わえるでしょうか。

③対話と問いができるか

　仕事の大半は「対話」です。どのような仕事でも、相手と意思疎通をし、お互いのニーズを明らかにしていくのが仕事です。ＡＩは、現在のレベルでは、「文脈」を読むことができません。即ち、ＡＩは「問い」を生み出せないのです。正しい相手に対して、正しいタイミングで、正しい問いを投げ掛ける力が、今はありません。

④ひらめきがあるか

　意味が分かっていませんので、「ひらめき」がありません。ＡＩは、誰も知らない組み合わせを発見することはできます。しかし、それらに意味を与えることができないのです。

⑤人を動かせるか

　人はＡＩの指示に従えますか。人を動かす力はありません。

３）ＡＩを使いこなす

　ＡＩは、確かに万能ではありません。しかも、取り扱うデータは、直前迄に起きた過去データの蓄積です。そこから精密な分析を通じて、何を汲み取るかは、人が行います。ＡＩを使いこなすかどうかが問われます。

　自分の周りの経験だけから学び、データの力を使わない人がいます。他方、データも使いこなす人がいます。その両者に競争が起きるとどうなるでしょうか。経験があるに越したことはありませんが、経営を習得していく過程で、すべてを経験できるわけではありません。会社の未来、事業の未来、業務の未来を創るには、データの力を使いこなす方が、効果的です。

　ＡＩの中でも、ある分野に特化したＡＩが普及していきますと、それがロボットに体現されて、多くの作業が自動化されます。これまであった作業処理時間に費やす時間が無くなります。その時間を違う仕事に振り向けることになります。『人工知能と経済の未来　2030年雇用大崩壊』井上智洋著文春新書が、考えるべき未来を、雄弁に物語っています。

４）ＡＩとスキル

　経営には、ビジネスに対する深い知見が必要です。問題がどこにあり、データがどこに存在するのかがわかって初めて、技術を生かせます。その意味では、次の三つのスキルが必要でしょう。

第4章　物流技術の方向

①ビジネス力
　ビジネス上の課題を分析し、理解した上で、目的やテーマを設定することです[1]。どのような経営課題を解決したいのかを、ＡＩを使って突き詰めて考えることです。ＡＩを使うまでもなくて、解決することがあります。
　何よりも、解決策を実行する力が求められます。ここが一番肝心なことです。

②データサイエンス力
　情報処理、ＡＩ、統計などの知識を持ち、それを使いこなすことができる能力です。データ分析の目的が決まった時に、解決すべき問題を定義し、どんなアプローチで取り組むかを考える時のスキルです。
　基礎科目としては、
・統計学（ベイズ理論含む）
・数学（線形代数、微積分、確率論、多変量解析等）
・プログラミング
　　統計やデータ分析用：Python、R 等
　　ウェブサービス用：JavaScript 等
　　一般的によく使われる言語：Java、C、C++等
・解析技術としては、機械学習（深層学習含む）が必要になります。機械学習のフレームワークとしては、Google 社のTensorFlow が普及しています。日本版では、チェイナー（プリファード・ネットワークス社）があります。

注1）分析の視点と分析手法
　各種の分析手法によって、情報の活用レベルが進化します。

分析の視点	分析手法
現状の把握	データ構造化、各種グラフプロット
分類する	クラスター分析、因子分析、 決定木、K-means（K 平均法）、多次元尺度法、自己組織化マップ、テキスト分析
規則を見つける	決定木、アソシエーション、ネットワーク分析、
予測する	決定木、判別予測、ニューラルネットワークベイズ、数値予測、回帰分析、時系列分析、生存時間分析
最適化する	線形計画法、ニュートン法、遺伝的アルゴリズム

出所：「国内のＩｏＴ市場環境とその先にある新しいビジネス変革」水上晃氏 PWC2016/3
参考：『"超"分析の教科書』日経ＢＰ社 2014年12月31日発行

③データエンジニアリング力

現場で実際にデータを取り扱うことができる能力です。即ち、データを収集して、分析等の処理をして結果を出すことです。

ＡＩですと、データが富の源泉になります。その意味では、データを軽々しく外部に渡すことは、自らの首を絞めることになります。一方で、他のデータを入手することができないかもしれません。データの取り扱い方が問われます。

5）組織的対応

三つのスキル（ビジネス力、データサイエンス力、データエンジニアリング力）は、個人として、研鑽が必要です。また、一般的には、データサイエンティストと呼ばれているメンバーを育成することです。

一方で、組織として、経営者はじめ全員が、ＡＩに関するいずれかのスキルを身に着けることを薦めます。組織が総合的に強くなる秘訣だからです。

特に、ビジネスの場では、経営者がＡＩはじめとするデータマネジメントを経営戦略として使いこなせる力が求められます。

４．ＡＩ開発の原則
１）アシロマＡＩ23の原則

安全で責任感のあるＡＩ開発を行うために、より基礎的なルールが必要です。"Future of Life Institute"は、多くの専門家を集め、ＡＩの基礎原則を作りました（2017年2月13日）。「23Asilomar AI Principles」（アシロマＡＩ23原則）と名付けられたガイドラインは、ＡＩの研究、倫理と価値基準、長期的な問題の3つの分野を取り上げ、ＡＩ開発における23項目の原則を提唱しています。研究戦略、データ所有権、透明性や人工超知能の危険性迄をカバーしています。

「ＡＩ23の原則」が、具体的にどういうものなのかを次に書きます。

１）研究
(1) AI研究の目標は、無秩序な知能ではなく有益な知能の開発である。
(2) AIへの投資は、コンピュータ科学、経済、法律、倫理、社会学の観点から有益と考えられる研究に向ける。
(3) AI研究者と政治家の間で、建設的で健全な対話を行なう。
(4) 研究者や開発者の間には協力、信頼、透明性の文化を育くむ。

第4章　物流技術の方向

(5) AI の開発チーム同士での競争により安全基準を軽視することがないよう、チーム同士で協力しあう。
2）倫理と価値基準
(6) AI システムはその一生を通して、できる限り検証可能な形で安全、堅牢である。
(7) AI システムが害をなした場合、原因を確認できるようにする。
(8) 自動システムが司法判断に関わる場合、権限を持つ人間が監査し、納得のいく説明を提供できるようにする。
(9) AI システムの開発者は、システムの使用、悪用、結果に倫理的な関わりがあり、どう使用されるかを形作る責任と機会がある。
(10) 自動的な AI システムは、目標と行動が倫理的に人間の価値観と一致するようデザインする。
(11) AI システムは、人間の尊厳、権利、自由そして文化的多様性と矛盾しないようデザイン、運営しなければならない。
(12) AI には人間のデータを分析し、利用する力があるため、データを提供する人間は自分のデータを閲覧、管理、コントロールする権利が与えられる。
(13) AI による個人情報の利用は、人間が持つ、あるいは持つと思われている自由を理不尽に侵害してはならない。
(14) AI 技術は可能な限り多くの人間にとって有益で力をあたえるべきだ。
(15) AI による経済的な利益は広く共有され、人類全てにとって有益であるべきだ。
(16) 人間によって生まれた目標に関して、AI システムにどのように決定を委ねるのか、そもそも委ねるのかどうかを人間が判断すべきだ。
(17) 高度な AI システムによって授かる力は、社会の健全に不可欠な社会課程や都市過程を阻害するのではなく、尊重、改善させるものであるべきだ。
(18) 危険な自動兵器の軍拡競争が起きてはならない。
3）長期的な問題
(19) 一致する意見がない以上、未来の AI の可能性に上限があると決めてかかるべきではない。
(20) 発達した AI は地球生命の歴史に重大な変化を及ぼすかもしれないため、相応の配慮と資源を用意して計画、管理しなければならない。
(21) AI システムによるリスク、特に壊滅的なものや存亡の危機に関わるものは、相応の計画と緩和対策の対象にならなければならない。

(22) あまりに急速な進歩や増殖を行なうような自己改善、または自己複製するようにデザインされたAIは、厳格な安全、管理対策の対象にならなければならない。
(23) 超知能は、広く認知されている倫理的な理想や、人類全ての利益のためにのみ開発されるべきである。

2）マイクロソフトAI開発原則

米国マイクロソフト社は、独自のAI開発原則を2016年7月に公表しています。人間の「能力の拡張」を目指す立場を鮮明にしています[1]。

AIに求められるもの
① 「置き換え」ではなく「能力の拡張」
人間を尊重し、支援するものとして設計されなければならない。
② 透明性の確保
どのような仕組みで動くのかを人間がわかるように設計しなければならない。
③ 多様性の維持
開発にはIT業界だけでなく、多様な人々の関与を求めなければならない。
④ プライバシーの保護
個人やグループのプライバシーを高度なかたちで守らなければならない。
⑤ 説明責任の義務
予想外の行動に出た場合、その原因を特定し、再発を防止できるようにしなければならない。
⑥ 偏見の排除
人間の偏見を排除しなければならない。

人間に求められるものには、次の4点があります。
① 共感力
他者に共感する力をAIが身につけるのは極めて難しい。だからこそ、AIと人間が共生する社会において価値を持つ。
② 教育
AIの普及には必要な知識とスキルを兼ね備えた人材の育成が欠かせない。
③ 創造力
AIは人間の想像力をより豊かにし、拡張するが、創造力そのものは人間だれもが望む能力であり、それはこれからも変わらない。

第4章　物流技術の方向

④結果に対する責任
　様々な分野でＡＩの判断を受け入れることはあっても、その結果に対する最終的な責任は人間が負う。

注1）日本経済新聞2016年11月29日

第3節のＡＩに関する参考文献
『ビッグデータの衝撃』城田真琴著　東洋経済新報社　2012年8月
『データサイエンティスト　データ分析で会社を動かす知的仕事人』橋本大也著　ソフトバンク新書ソフトバンククリエイティブ　2013年8月
『ＡＩの衝撃－人工知能は人類の敵か』小林雅一著　講談社現代新書 2015年3月
『The Next Technology 脳に迫る人工知能最前線』日経ＢＰ社　2015年5月
『2045年問題　コンピュータが人類を超える日』松田卓也著　廣済堂新書　2015年7月
『ザ・セカンド・マシン・エイジ』E. ブリニュルフソン、A. マカフィー著　村井章子訳　日経ＢＰ社　2015年8月
『人工知能　人類最悪にして最後の発明』J. バラット著　水谷淳訳ダイヤモンド社　2015年9月
『この1冊で丸ごとわかる！人工知能ビジネス』日経ＢＰ社　2015年10月
『ロボットの脅威』M. フォード著　松本剛史訳　日本経済新聞出版社　2015年10月
『アンドロイドは人間になれるか』石黒浩著　文藝春秋　2015年12月
『超情報革命が日本経済再生の切り札になる』野口悠紀雄著　ダイヤモンド社　2015年11月
『ＩｏＴビジネスモデル革命』小林啓倫著　朝日新聞出版　2015年12月
『DIAMOND ハーバード・ビジネス・レビュー別冊 2016年1月号ＩＯＴの競争優位』ダイヤモンド社
『ビッグデータ・ベースボール』T．ソーチック著　桑田健訳　KADOKAWA 2016年3月
『データサイエンティストが創る未来』S. ロー著　久保尚子訳　講談社2016年5月
『ＩｏＴビジネスをなぜ始めるのか？』三木良雄著　日経ＢＰ社　2016年5月
『ＡＩ時代の勝者と敗者』T.H. ダベンポート, J. カービー共著　山田訳　日経ＢＰ社 2016年5月
『シリコンバレー発アルゴリズム革命の衝撃』櫛田健児著　朝日新聞出版 2016年9月
『人工知能は人間を超えるか』松尾豊著　KADOKAWA 2016年11月
『ビッグデータと人工知能』西垣通著　中公新書　2017年3月
『ＡＩまるわかり』古明地正俊、長谷佳明著　日経文庫　2017年3月
『決定版ＡＩ人工知能』樋口晋也、城塚音也共著　東洋経済新報社　2017年4月

第3節　ＡＩ

5．機械学習
1）機械学習とは

　ＡＩを進めていく上で、機械学習は欠かせません。機械学習とはそもそも何でしょうか。機械（コンピュータ）学習は、「ＡＩの種類」で書きました「特化型ＡＩ」の１つのカテゴリーです[1]。その為に、機械学習は、ＡＩの１分野として研究されてきた歴史があります。機械学習の発展が、ＡＩ全体を押し上げました。ニューラルネットワーク[2]が発展してできた機械学習の一種である深層学習（ディープラーニング）は、近年のＡＩブームの火付け役になりました。

　機械学習は、特定の事象のデータを帰納的に解析して、その中から特徴やルールを学習して、判断や予測を行う技術です。機械学習は、大きくは２つのステップから構成されます。

　１つ目が、データに潜むパターンや規則性を表すモデルに自動的に変換する処理です。

　２つ目が、他のデータにそのモデルを適用する処理です。一度抽象表現に変換する特徴抽出と呼ばれる処理を経ることで、データの種類によらず同じ解析手法を適用できます。あたかも人のように複雑で柔軟な判断が行えるようにするという試みです。

注1）ＡＩと機械学習の関係

注2）ニューラルネットワーク（NN）は、人間の神経構造を基にして作られたモデルです。人間の脳は「ニューロン」と呼ばれる神経細胞のネットワークです。脳の神経構造は、たくさんのニューロンのつながりで階層化されています。この階層構造を模した「ニューラルネットワーク」は「入力層」「中間層」「出力層」という３層から成り立ちます。この中間層を多層化したのが深層学習（ディープラーニング）です。

２）機械学習の特徴

　機械学習のアルゴリズムは、たくさんありますが、次のような特徴があります。
①機械学習は、過去のデータからパターンを発見し、将来を予測する技術です。将来を予測できるのは、過去と未来が連続していることが前提です。
　従って、同じことが繰り返されることで成り立ちます。しかし、予測不可能な事態には対処できません。
②過去から連続していても、発生確率が極めて低く、過去のデータが十分にない時は、機械学習での対応が難しくなります。
③機械学習は、無作為に抽出したサンプルを統計的に処理し、全体像を推測します。選んだサンプルに偏りが偶然あった時、結論が現実にそぐわないことがあります。
　機械学習は、決して万能ではなく、限界があります。機械学習を使ったシステムには、ブラックボックス化して、「100％の安全」を保障できないものがあります。
　どんなデータをどのアルゴリズム（計算方法）に入力すれば、どういった結果が出るのかを明らかにしていきませんと、利用者は期待通りの結果を得られません。機械学習の理論やルールは、人が設定したものです。機械はそれに従って動くようになっています。目的によって、機械学習に何を選ぶかを選択すべきです。

３）機械学習の方法

（１）機械学習の３つの方法[1]
①教師あり学習
　学習データとその正解を組み合わせて、大量にコンピュータに読み込ませ、共通する特徴を学ばせます。最も基本的な機械学習です。正解のあるデータを万件単位で準備しなければいけません。株式市場の予測、過去データから将来を予測するようなＡＩに向きます。
②教師なし学習
　正解のないデータをコンピュータに読み込ませ、データの規則性や関係を見つけさせる機械学習です。類似したデータをまとめる問題をクラスタリングや、傾

注1）出所「60分完全理解ビジネスのために使えるＡＩ」『週刊東洋経済2017.7.8』
『そろそろ、人工知能の真実を話そう』J-G Ganascia 著伊藤直子監訳早川書房2017年5月

向の異なるデータを発見する異常検知等に使われます。コンピュータが見出した特徴の意味付けは、人がしなければなりません。
③強化学習
　選択結果によって報酬を与え、ＡＩ自身に試行錯誤させて学ばせます。機械は、最初はランダムに選択しますが、次第に報酬が大きくなるよう法則性を見出し、記憶していきます。グーグルのAlphaGOは、この方法を採用しています。今後、強化学習とディープラーニングの組合せによって、ＡＩはさらに進化をしていくでしょう。

　近年、「教師あり学習」と「強化学習」は、目覚ましい成果を上げています。特に、強化学習は、指紋・声紋・顔の認証や、車が止まるべきか進むべきかを決定するといった場面で有効です。自動運転車の性能を上げたければ、スピードに応じた報酬を与えたり、事故を起こした場合に罰を与えたりすればよいからです。

　こうしたことの前提は、誰が正解を教えたり、報酬や罰を与えたりしているかといえば、「人」です。機械は、人が教えたルールに従って行動しているだけです。機械がルールを生み出しているのではありません。機械が自律しているとは言えないのです。

　ここでいう「自律」とは、自らが行動する際の基準と目的を明確に持ち、自ら規範を作り出すことを言います。これに対して、「自立」とは、機械が自ら動き、誰の手も借りずに意思決定できることを言います。例としては、自動運転車が当てはまります。機械が学習能力を与えられ、自らプログラムを改善できるように自立的ではあっても、機械が自律することは考えられません。

　産業用ロボットや物流ロボットは、確実性が求められます。その意味では、機械学習の内、教師あり学習を選択することになるでしょう。ＡＩの開発においては、大量のデータが必要です。その上で、最初は「教師あり学習」、その後に「強化学習」に移ると言われています。

第4章　物流技術の方向

（2）機械学習の種類[1]

機械学習の方法	目的	代表的アルゴリズム
教師あり学習 （正解ラベル有）	・回帰 　(Regression) ・分類 　(Classification)	Neural Network
		Deep Learning（4層以上のNeural Networkを指す）
		集団学習（アンサンブル学習） ・Random Forest ・Boosting Tree
		SVM
教師なし学習 （正解ラベル無）	クラスタリング	K-means
		SOM
	次元圧縮	主成分分析

注1）東芝電子エンジニアリング(株)「機械学習セミナー」による(2017/9/8)

（3）機械学習の導入

　現在抱えている課題が、機械学習によって解決されるかどうかや、機械学習をビジネスに活用する時に明確にしなければならないことは、「何をしたいのか」です。そして、得られた結果をどのように応用するのか、例外が出た時はどう対処するのか等の計画を立てておくことです。

　機械学習を自社に導入する方法には、3つの方法が考えられます。

①自社独自のシステム構築

　自社に適したシステムを構築できます。即ち、目的に合わせて最適なアルゴリズムの選択やプログラム開発、システムのチューニング、それらに適したハードウェアの選択を行うことができます。

　但し、自社に開発部門を抱えることになり、システム構築には時間と費用が掛かります。

②クラウドサービスを利用して構築

　クラウド上の設備を利用できますので、最初の設備投資が少なくて済みますし、早く始めることができます。また、学習済みのモデルを使えることもあるでしょう。目的にあった機械学習の環境を素早く作成できます。

　やはり、プログラムや機械学習の知識のある人材は必要です。

③既成のパッケージソフトやサービスを導入

　機械学習の知識がゼロでも始めることができます。すぐに予測分析等が行えま

す。
　しかし、導入費の高さや、カスタマイズできないという難点もあります。

注．機械学習に関する参考図書は、数多く出版されています。
『イラストで学ぶディープラーニング』山下隆義著　講談社 2016年6月
『機械学習のための確立と統計』杉山将著　講談社 2016年7月
『深層学習』岡谷貴之著　講談社 2016年8月
『ＡＩプログラミング入門 Ｒｕｂｙで数独』佐藤理史著　近代科学社 2016年10月
『ＩＴエンジニアのための機械学習理論入門』中井悦司著　技術評論社 2016年11月
『ゼロから作るＤｅｅｐ　Ｌｅａｒｎｉｎｇ－Ｐｙｔｈｏｎで学ぶディープラーニングの理論と実装』斎藤康毅著　オライリー・ジャパン 2016年12月
『あたらしい人工知能の教科書』多田智史著　翔泳社 2016年12月
『機械学習入門－ボルツマン機械学習から深層学習まで－』大関真之著　オーム社 平成29年1月
『はじめての深層学習プログラミング』清水亮著　技術評論社 2017年1月
『グーグルに学ぶディープラーニング』日経ビッグデータ編　日経ＢＰマーケティング 2017年2月
『60分でわかる！機械学習＆ディープラーニング超入門』機械学習研究会　技術評論社 2017年4月

4）ディープラーニングの今後の展開

　機械学習の一種であるディープラーニングの今後の展開として考えられることは、「認識」、「運動」、「言語」へのＡＩの技術的な発展です。その内容は次の通りです。

（１）認識
　コンピュータができて以来、初めて「画像認識」ができます。
①画像（現在）
　画像から特徴を抽出します。
　画像認識の精度が向上し、画像による診断や広告ができるでしょう。
②マルチモーダル
　ディープラーニングの特徴は、自由度の高い入力や出力の設計です。例えば、入力を音声でして、音声に適した画像を出すことができます。こうした考えを「マルチモーダル」と言います。様々な入力と出力を統一的に扱うことができます。
　動画の認識精度向上、行動予測、異常検知から、防犯・監視、セキュリティ、マーケティングに発展します。

（２）運動（2020年代）
　ロボット・機械に熟練した動きができます。
③ロボティクス（行動）
　自分の行動と観測のデータをセットして、特徴量を抽出します。記号を操作して行動計画を作ります。
　プランニング、推論（環境変化にロバスト[1]な自律的行動）が可能になりますから、自動運転、物流・建設・農業の自動化、製造の効率化に繋がっていくでしょう。
④インタラクション（相互作用）
　外界と試行錯誤することで、外界の特徴量を引き出します。
　オントロジー[2]、高度な状況の認識[3]が機能することから、介護、調理・掃除等に向かいます。

注1）ロバスト（robust）の原義：コンピュータのプログラムが、起こったエラーに自動的に対処して処理を続行すること。
注2）エキスパートシステムを構築する際の知識表現の語彙又は概念の体系。
注3）文脈に合わせて「優しく触る」「持ち上げる」技術。

(3) 言語（2025年代）
　文の意味がわかり、文と映像との相互変換ができます。
⑤言葉との紐づけ
　高次特徴量を、言語と紐づけます。
　言語理解、自動翻訳が進みますので、翻訳、海外向けＥＣが発展するでしょう。
⑥言語からの知識獲得
　紐づけされた言語データの大量の入力により、更なる抽象化を行います。
　知識獲得のボトルネックの解決から、教育、秘書、ホワイトカラー支援に向かうでしょう。

注「4)ディープラーニングの今後の展開」の参考図書
「ＡＩは人間を超えるか・物流分野への応用は「カンブリア爆発」前夜に」松尾東大准教授と眞島日本マテリアルフロー研究センター名誉所長との対談『MATERIAL FLOW 2017/1』
『人工知能はどのようにして「名人」を超えたのか？ー最強の将棋ＡＩボナンザの開発者が教える機械学習・深層学習・強化学習の本質』山本一成著　ダイヤモンド社 2017年5月

第4章　物流技術の方向

<第4章のまとめ>

　物流技術の方向をわかるために、構想力というソフトウェアとハードウェアの考え方をまとめています。その上で、新しく基本となるビッグデータ、ＩoＴ、ＡＩのデータマネジメントを述べています。
　なぜならば、第1章のピースピッキングの自動化設備の事例は、設備機械で自動化する挑戦でした。当時の技術では、商品の個体認識がうまくいかなかったと考えています。これを超えていくにはどうしたらよいのでしょうか。
　今日、画像認識技術が開発され、物流分野でもバーコードなしにその商品が何かを特定し、検品ができる技術が生まれています。
　ケースやピースのピッキング作業をする時に行き先がシステムで指示されているとして、人は暗黙の内に、次のような作業をします。
・ピッキングする対象物を見ます。
・対象となる個体毎の大きさ、重さ、硬さ等を判別します。例えば、日用品1個当りの大きさは1mℓから3ℓ迄、重さは1gから5kg迄がおおよその目途です。
・モノ（個体）の取り方や持ち方を、持つモノの数量も加味して判断します。
・モノ（個体）を保管棚からモノを入れる搬送容器への運び方を判断します。
・モノを入れる搬送容器への入れ方を判断します。
・以上のことを暗黙の内に考えて、動作を決めて、ピッキングします。
　ピースピッキング作業を見ていますと、人は、自分自身の暗黙知に従って、どのような商品でも自在に対応しています。但し、人によって生産性はばらついています。
　ピッキングを制御することは、人の暗黙知を機械にわかる形式知にする、あるいは、個々に違う作業を物流自動化設備が自ら学習することになります。
　機械学習には、教師あり学習、教師なし学習、強化学習があります。その中で、「正しいピッキングをすれば褒める」という「強化学習」という方法を導入することで、暗黙知を形式知にすることが可能になってきました。

第3節　ＡＩ

<閑話休題２＞
「われわれは何のために存在するのか」
　我々は、なぜ、この世に存在するのでしょうか。存在するとは、どういうことなのでしょうか。
　ハイデッガーは、時間の概念を軸に据え、「存在とは時間性を持つものである」と説きました。つまり、「自分はどうありたいか」「どうありうるのか」という未来の可能性が見えて始めて、過去に蓄積された知識やノウハウは意味を持つようになり、再構成されます。そして、未来と過去が一体となったとき、現在（here and now）の刻一刻の生き方がわかります。
　過去が、今を決めるのではなく、未来を決めるのではありません。未来というものを置くことによって、過去が意味づけられ、今が決まります。未来によって主導されてこそ、今という時が、日々、生き生きと刻まれるのです。
出所『イノベーションの本質』野中郁次郎、勝見明著　日経BP社　一部省略修正

第5章　物流自動化設備

第1節　マネジメント

1．マネジメント・サイクル
1）物流におけるマネジメントの基本

　マネジメント（経営活動）においては、マネジメント・サイクル（計画、実行、評価、改善）を行うことが大事です。

<図5-1　マネジメント・サイクル>

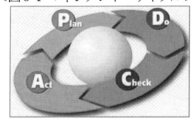

　物流では、今日の仕事は、今日実施して、今日完了します。従って、物流におけるマネジメントの基本は、日次で計画・実行・評価・改善（PDCA）することです。即ち、物流活動である庫内作業であれ、配送であれ、毎日、マネジメント・サイクルを回します。
　計画を作る時は、日別予測物量を基にして、「日次作業計画」を作ることが基本です。「日次作業計画」を1ヶ月間まとめると、「月次作業計画」になります。月次作業計画によって、従業員の「月次勤務計画」を作ります。
　明日の状態が思い描けるようになること、即ち、物量を予測し、計画できることが望まれます。そうしますと、庫内従業員であれ、配送車両であれ、日々どのように投入したら、良い仕事ができるかのかが分かってきます。
　第4章で検討しましたように、データを蓄積し、分析します。その時にＡＩでいうデータ解析手法を使って、計画を策定し、評価できるようにします。
　物流費は、日次や月次の作業計画によって、管理可能になります。これこそが、物流問題をマネジメントからアプローチする所以です。現場での生産性向上活動

はもちろん大事です。もっと大事なことは、日々変動する物量を、どのように把握するのかという「計画によるマネジメント」にあります。

「計画によるマネジメント」によって、正しいデータに基づいて、マネジメントレベルを高度化しますと、静かな大改革が達成できます。

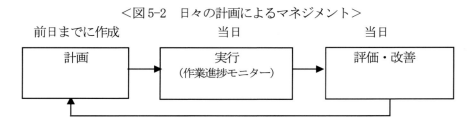

<図5-2　日々の計画によるマネジメント>

2）計画は生産性を向上させ、コストを下げる
（1）計画の立案
①日別物量

計画することの意義は、物量を予測することで、作業運営体制を予め整えることにあります。即ち、予測した物量の変動に合わせて、作業投入人時数やトラック台数を用意することです。

ある年の2月最終週の日別物量を使って、具体的に、計画を立ててみます（第1章、図1-4再掲）。

物量	2/25月	2/26火	2/27水	2/28木	2/29金	3/1土
ケース数	10,694	10,403	5,283	12,201	15,785	5,179
ピース数	250,646	63,422	72,962	178,174	80,957	39,583

②標準生産性による人時数の算出

ケース作業の標準生産性を120ケース/人時、ピース作業の標準生産性を350ピース/人時とします。ケース作業とピース作業の人時数は、下表のようになります。計算式は、物量÷標準生産性＝人時数です。

人時数	2/25月	2/26火	2/27水	2/28木	2/29金	3/1土
ケース	90人時	87人時	44人時	102人時	132人時	44人時
ピース	717人時	183人時	209人時	510人時	232人時	114人時

第5章　物流自動化設備

③日別人数の算出
　1日の稼働時間を10時間としますと、必要な人員はケース作業53人/週、ピース作業199人/週になります。計算式は、人時数/日÷10時間/日＝人数です。人数は切り上げで計算しています。

人数	2/25月	2/26火	2/27水	2/28木	2/29金	3/1土	計
ケース	9人	9人	5人	11人	14人	5人	53人
ピース	72人	19人	21人	51人	24人	12人	199人
計	81人	28人	26人	62人	38人	17人	252人

④庫内配置人数の比較
　庫内配置人数や車両台数は、ピーク物量に準じた作業人員数や配送車両台数にしていませんでしょうか。
　上記を例にとると、ピーク日におけるケース作業人数は14人、ピース作業人数は72人です。ピーク対応をしていますと、6日間でケース84人（14人×6日）、ピース432人（72人×6日）、計516人になります。
　物量の変動に合わせた日別人員にしますと、ケース作業人数は5人から14人、ピース作業人数は12人から72人の人数になります。従って、6日間でケース作業人数53人、ピース作業人数199人、計252人になります。
　両者を比較しますと、ケース作業では1.6倍、ピース作業では2.2倍、合計2.0倍の人数比になります。大凡で言えば、コストは2倍になります。

<表5-1　物量変動とピーク物量に各々合わせた人数>

人数	A.物量変動に合わせた人数	B.ピーク物量に合わせた人数	倍数 B÷A
ケース作業	53人	84人	1.6倍
ピース作業	199人	432人	2.2倍
合計	252人	516人	2.0倍

（2）実績の調査
　まず、現場で、現状の日々の物量、庫内作業人員数・作業時間、トラック台数を調べてみます。
　次に、作業工程毎に「実際の作業工数」と、「標準生産性を基にした作業工数」を比較してみます。この比較をすることで、どの工程が制約になっているのか

何をすれば効果が上がるか、生産性を向上させるとよい工程がどこかがわかります。

（3）設備能力
　設備能力は、最大物量を作業時間が許す範囲（最大24時間）で出荷できるように設計します。

2．受注量と物量予測
　日次作業計画を策定するには、仕事の基本となる「物量の予測」が、まず計画の基になります。
1）物量予測に再現性はあるか
（1）受注が仕事のスタートか
　メーカーや卸売業が受注する時に、発注量は、発注する側（小売業）で決めています。その為に、商取引上、受注側で、受注量やそれに伴う納品時刻や納品箇所を勝手に変えることはできません。つまり、今日は忙しいから、今日の納品を止めて、明日にしようとすることはできません。
　メーカーや卸売業は、小売業からの確定した発注を受けてから、納品に関わる仕事を開始します。従って、受注量の多いことや少ないことに、仕事が振り回され勝ちです。庫内作業や納品を当日中に終わらせるために、受注量が多い時に備え、人を多く抱えがちになることは前述の通りです。こうした事情から、物流部門の仕事の仕方や組織風土は、受動的になりがちです。

（2）受注数量の再現性
　受注数量を掘り下げてみるために、受注数量の周期性と振幅性を調べてみましょう。周期性は、月別の波動や、曜日別の波動をいいます。振幅性は、物量の山谷を指します。受注数量を周期性と振幅性で見ますと、規則性が見えてきます。
①月別波動
　年間で言えば、ニッパチ（2月と8月）が、売行きが低い月とされています。小売業各社の月別売上高を見ますと、2月と8月が売上高は低く、月別売上高推移は毎年同じパターンを繰り返しています。
②曜日別波動
　曜日別波動に周期性と振幅性があります。例えば、小売業からの受注パターンを見ますと、月・木、火・金、水・土のパターンが多く見られます。月・木は、

受注量が多い曜日です。理由は、月曜日は土日明け後の受注、木曜日は土日前の販促向けの受注が多いからでしょう。水・土は、受注量が少ない曜日です。
③月別・曜日別物量波動の規則性と相関性
　このように、月別・曜日別に、物量はある程度規則的に波動しています。受注量を今年と前年の同月同曜日で比較しますと、高い相関性を示します。因みに、二つの物流センターで、曜日別のピース出荷累計本数の相関性を調査しました。比較する二つの年度の出荷累計本数を横軸（201X年）と縦軸（201Y年）にして、日別出荷量を45度線上にプロットします。
　A物流センターの相関係数は、0.9976、45度線の傾きは0.981です。
　B物流センターの相関係数は、0.9985、45度線の傾きは1.1845です。
　いずれの物流センターの相関係数も、傾きもほぼ1になり、高い相関性を示しています。このことから、受注量の周期性と振幅性から、再現性があると判断できます。
　再現性があるならば、予測可能になります。過去の事実から、将来に起こるであろうことを予測してみようとなります。明日行うであろう物量を、前日までに予測できれば、それに伴って投入する作業人時や作業台時を予め計画できます。物流が、受動的な仕事から、計画的に仕事を取り組むことが可能になってきます。

2）物量予測の勘所
　物量予測にあたり、過去データを検証します。その手順は次の通りです。
（1）データを記録
　過去2年間の出荷実績を、日別・荷姿（ケース、オリコン、ピース）別に記録します。

（2）日別物量の波動の再現性をＡＩで検証
　店舗が発注する基本行動をみると、四つの要素があります。
①店舗の発注・納品サイクルが、曜日別に繰り返す
　店舗の売り場では、従業員が発注をしています。発注する時に検討されることは、売場にある商品の在庫の有無と売れ行きです。店頭に在庫が少なく、売れ行きがよければ、発注をすることになります。
　自動発注する小売業が増えています。自動発注にしますと、機械的にアイテム別の在庫量と売れ行きを判断します。アイテム毎の店舗在庫量を見ていますので、

発注するべきアイテムを取りこぼすことはなく、発注アイテム数は増えます。一方、アイテム当りのピース発注量は減る傾向にあります。
②売行き
　土日の売上構成比が高く、販促計画もありますので、土日に備えて発注する傾向があります。下旬は給与支給日と重なりますので、購買がさらに重なると考えられます。要因としては、
　　a. 販促計画や催事の有無（物量に大きく影響します）
　　b. 消費者の購買曜日指数（平日と土日）（定番の販売動向に影響があります）
　　c. 季節要因、天候、温度、湿度等です。
③仕入支払締日
　小売業は仕入の支払い締め日によって店内の在庫量をコントロールしていますので、店舗発注量が左右されます。即ち、締日前は店舗の発注量は減少し、在庫は圧縮されます。締日後に発注をしています。
④本部発注
　メーカーや卸売業の販売政策と小売業との取組によって、本部発注が起こります。本部が、店舗に仕入量まで割り当てる時と、店舗に仕入の決定権を持たせている時があります。最近の傾向としては、小売業の政策として、店舗主体の発注にしています。本部発注は減ってきています。

（3）過去データは連続型か非連続型か
　過去の実績データを使ってＡＩで分析しますと、もっと掘り下げた検討ができます。過去のデータが連続型か、非連続型かによって分かれます。
①連続型
　連続型は、トレンド型（上昇傾向、下降傾向）、周期性型、不規則型に分かれます。この分類手法で言えば、物流拠点の受注量は、連続型・周期性型に相当します。
②非連続型（間欠型）
　非連続型にも、周期性型と不規則型があります。非連続型・不規則型の典型は、店舗別アイテム別の売上数量です。

3）予測物量の誤差と対策

　物量の予測には、誤差はつきまといます。作業計画段階で、誤差を織り込んでおくことが肝要です。月間合計では、予測値と実績値との差はほとんどなくても、日別物量では予測と実績との差が起こり得ます。
　物流の現場では、日々作業は完結していきますので、日々の誤差対策をしておかないと、仕事が完了しないことがあります。予測精度は、10%前後の誤差があることを前提にしておきます。10%多く物量が跳ねた時に、庫内作業であれ、配送であれ、どの程度の人時投入や車の台数増を必要とするか計算して、計画に織り込んでおくことです。

4）機械学習の活用

　使うデータがしっかりしていますと、機械学習を使うことで、物量の予測がより高くなります。

3．計画によるマネジメント
1）日次計画の作成

（1）庫内作業の日次計画作成
①日別物量を予測します。
　物量予測は、121頁から123頁を参照のこと。
②予測物量と作業工程別標準人時生産性より、作業工程別総人時を算出します。
　作業工程別に、作業工程定義をしておくことです。
　例えば、非自動化設備でのケース出庫の作業工程を取り上げますと、次頁表5-2のように定義されます。

第1節　マネジメント

<表5-2 作業定義マスター>

区分	作業NO	作業工程		標準生産性（ケース/人時）	作業工程定義
ケース出庫	C50	ピッキングと仕分	自動倉庫から出庫	145	自動倉庫から出庫品を取出し、荷揃えロケーションに種蒔し、残りを間口仮置きに運ぶ。
	C60		SA間口から出庫	263	SA間口から出庫品を取出し、荷揃えロケーションに種蒔し、残りをSA間口に戻す。
	C80		間口仮置きから出庫	233	間口仮置きの出庫品を取出し、荷揃えロケーションに種蒔し、残りを「後処理C29, C39」。
	C70	ピッキング	危険物倉庫から出庫	159	荷揃えエリア別に品種総量ピッキングし、荷揃えエリアに運ぶ。
	C20		2階間口・品種総量	381	品種総量ピッキングし、昇降機まで運ぶ。→1階荷揃えエリア
	C21		2階間口・摘み取り	144	荷揃えロケーション単位に摘み取りピッキングし、昇降機まで運ぶ→1階荷揃えエリア。
	C30		3階間口・品種総量	295	品種総量ピッキングし、昇降機まで運ぶ。→1階荷揃えエリア
	C31		3階間口・摘み取り	98	荷揃えロケーション単位に摘み取りピッキングし、昇降機まで運ぶ。→1階荷揃えエリア
	C90	仕分	間口ピッキング分を1階荷揃え	159	C70, C20, C21, C30, C31を荷揃えロケーションに種蒔
	C29	後処理	格納/2階間口	663	C50, C80の種蒔後の残りを2階間口に格納
	C39		格納/3階間口	382	C50, C80の種蒔後の残りを3階間口に格納

③作業計画は、日別に計画を作ります。

　計画のモデルは表5-3次頁を参照下さい。

　表の縦軸に、作業工程を実施順に並べます。

　表の横軸に、物量（単位：荷姿別）、標準人時生産性、総人時、人数、所要時間、作業開始時刻・終了時刻、及び時間帯別作業者数を書きます。

第 5 章　物流自動化設備

<表 5-3 日別作業計画モデル>

作業工程	物量(単位)	生産性	総人時	人数	所要時間	作業開始時刻	作業終了時刻	8時	9時	10時	11時	12時	13時
入荷検品	20,000ケース	1200	17	4	4.25	8:00	13:15	4	4	4	4	4	4
格納	20,000ケース	400	50	10	5.00	9:00	15:00		10	10	10	10	10
ケース出庫	15,005ケース	110	137	18	7.61	8:00	16:37	18	18	18	18	18	18
補充出庫	2000ケース	60	34	10	3.40	16:00	19:24						
ピース出庫	150,000ピース	350	429	55	7.80	8:00	16:48	22	32	32	32	32	32

時間帯別作業者数(単位人)

注1．総人時（切り上げ）＝物量÷標準人時生産性

注2．所要時間＝総人時÷人数（人数を先に決めて、所要時間で調整します）

注3．表 5-3 の時間帯別作業者数は、14 時以降を省略しています。

④日別作業計画を1ヶ月分まとめて月次作業計画とします。
⑤月次作業計画に基づき、人別に勤務計画を作成します。
　作業者別勤務予定表（表 5-6 次頁）を作るには、勤務者との契約や日頃の実績（生産性等）に基づき勤務者の勤務要件と資格要件を作成します（表 5-4 次頁）。
a．勤務計画を作る時に予め用意しておくことは、従業員別の勤務条件と資格要件です。
・勤務条件は、勤務シフト（出社可能曜日又は可能日、出社時刻と退社時刻等）、残業の可否、年収制限の有無等です。
・資格要件は、担当する作業工程と生産性、フォークリフトの免許取得、危険物取扱責任者、はい作業（高所作業）、衛生管理者等があります。
b．勤務シフト表（表 5-5 次頁）に基づき、勤務者毎に勤務シフトを決めておきます。
c．月次作業計画によって作業工程毎の作業者別勤務予定表を作ります（表 5-6 次頁）。
　いずれも、コンピュータに登録し、マスター化しておくことです。

第1節　マネジメント

<表5-4 作業者別勤務要件、資格要件>

作業者		勤務要件		資格要件			
氏名コード	氏名	年収制限	残業可否	担当作業工程	担当の生産性	フォークリフトの資格有無	他の資格とコード(略)
000001	A						
000002	B						
000003	C						
000004	D						
000005	E						
000006	F						
000007	G						
000008	H						
000009	I						
000010	J						
000011	K						
000012	L						
000013	M						
略							
000200	AA						

<表5-5 勤務シフト表>

シフトNO	開始時刻	終了時刻	月	火	水	木	金	土	日
1	7:00	15:00							
2	8:00	17:00							
3	9:00	18:00							
4	13:00	22:00							
5	15:00	22:00							
略									

第 5 章　物流自動化設備

<表 5-6 作業工程別作業者別勤務予定表>

作業工程名（コード）	例：ケースピッキング（N020）					
作業者		20XX 年度(勤務シフト対応)				
氏名コード	氏名	4/1	4/2	略	4/29	4/30
^	^	月	火	^	月	火
000001	A	1	1		3	3
000002	B	1	1		3	3
000003	C	1	1		3	3
000004	D	1	1		3	3
000005	E	休	2		休	1
000006	F	2	休		1	休
000007	G	2	2		1	1
000008	H	2	2		1	1
000009	I	2	2		1	1
000010	J	2	2		2	1
000011	K	休	3		休	2
000012	L	3	休		2	休
000013	M	3	3		2	2
略						
000200	AA	4	4		4	4

（2）配送の日次計画作成
①物量計画から納品先毎の納品日・納品時間別の配送量を予測します。
②日別配送コースを作成し、必要台数を算出します。
③納品先毎に自車と傭車等の対応方法を決めます。
　定常的に物量がある時は、自車対応が基本です。物量が少ない時は運賃によって対応が分かれます。運賃を目安にして輸配送する時の基本は、下表のとおりです。

<表 5-7 運賃体系>

運賃体系	運送方法	計算方法	備考
車両に支払う運賃	時間制貸切便	車種×時間	自車と同じ考えができます
^	距離制貸切便	車種×距離	
貨物に支払う運賃	特別積合便（旧路線便）	重量×距離	
^	宅配便	個口数×エリア	納品 1 個の時に選択

2）当日の実行中にモニターすること
（1）予測物量と実際の物量の差の確認
　卸売業の物流センターを運営する難しさは、朝一番に、当日出荷する全企業の受注数が確定していないことです。受注データの受信時刻は、発注する企業毎に異なっています。例えば、朝9時迄に受信し翌朝納品する企業もあれば、午後3時に受信し当日夕刻に納品する企業もあります。
　午後3時に受信する企業が、予測物量と大きく食い違うと、そこから作業段取りを検討しますと、庫内運営や配車する難しさがあります。
①実際の物量が多い時に判断すること
　庫内作業：作業時間延長（残業）で行うのか、または、人員増加（出勤要請、人材派遣）で行うのかを判断します。
　配送：自車の稼働台数を増加するのか、または、庸車を依頼するのかを判断します。
②実際の物量が少ない時に判断すること
　庫内作業：契約労働時間を守りながら、終わり終いとします。
　配送：自車、又は庸車を稼働させないかの判断をします。

（2）当日の作業計画を全従業員に説明し、確認の上、従業員を配置します。

（3）制約作業工程の発見と改善
　庫内作業の流れを妨げている作業工程がないかどうか、現場と作業進捗データをみて判断します。優先順位判断は、どの作業を優先させるかにあります。どの作業を応援すると作業の流れをよくすることができるかを検討します。

3）評価すること
　今日一日の結果を分析して、問題点を明らかにしていきます。そして、改善を続けます。
（1）庫内作業
　　　①物量予測の差異分析
　　　②作業工程別（ケース、ピース）総人時差異分析
　　　③人の稼働率差異分析
　　　④作業人時生産性差異分析
　　　⑤コスト分析

第 5 章　物流自動化設備

　　　　⑥従業員別勤務日数、時間分析
　　　　⑦作業品質分析
　　　　⑧商品汚破損分析

　（2）配送
　　　　①物量予測の差異分析
　　　　②作業工程別総人時差異分析（積込、走行、滞店、伝票整理）
　　　　③車の稼働率差異分析
　　　　④作業台時生産性差異分析
　　　　⑤時間制貸切便、距離制貸切便、特別積合せ便（路線便）、宅配便、
　　　　　自社便の運賃とコスト分析
　　　　⑥自社便従業員別勤務日数、時間分析
　　　　⑦作業品質分析
　　　　⑧商品汚破損分析
　　　　⑨自社便車両管理
　　　　⑩安全運転管理

4）物流マネジメント・サイクル

　作業実績データは、時々刻々、収集してデータベース化します。これらの実績データからデータ解析を行い、日々の運営レベルを改善します。計画→実行→評価→改善のサイクルを基に、サイクルの中で、データ解析→課題発見→システム構築というサイクルも合わせて、回していけるようにします。
　実績データを基にして作業計画を立てますが、大規模拠点では人別に勤務条件や資格要件が様々です。計画している荷姿物量と人と設備の組み合わせはいろいろと考えられます。条件毎の最適解を求めるには、ＡＩを活用します。

第1節　マネジメント

4．マネジメントのシステム化・ＡＩ化

　物流作業は、入荷から始まって、保管、出庫、荷揃え、出荷、納品になります。こうした物流作業を、物流センターはマネジメント（計画・実行・評価・改善）しています。

　マネジメントの運営ノウハウをデータに基づいてシステム化していくことです。これによって、現在のやり方よりも効率が良くなる可能性が高まります。

　作業計画作りにＡＩの活用があることは前述の通りです。

<表5-8　ＰＤＣＡに関するシステム化の例>

作業PDCA	庫内作業システム	配送	
		システム	機能
計画系	庫内作業計画（物量予測含む）	配送シミュレータ	・日別稼動台数と時間予測 ・配送拠点の配置計画
	勤務計画	配車計画	
実行系	バッチ起動支援	配送システム ・配送スケジューラ ・配送シミュレータ	・予測台数での配車計画 ・荷揃え場と連動した配車計画
	作業マネジメント		
評価系	稼動進捗モニター	運行管理	・配車システムで走行と滞店時間収集
	庫内作業実績管理	配送実績管理	
	就業管理	就業管理	・人別就業時間管理
	日次決算 ABC（activity based costing）システム ・作業工程別発生コスト管理		

1）バッチ起動支援システム

　作業計画を日々実行していく中で、顧客への納品条件や設備能力等の要件から作業を行う単位をバッチにして運営します。バッチを作らずに、企業単位に運営していますと、切り替えロス等があります。バッチは、1日の内に何度か発生しますが、その都度、庫内作業を開始するソフトとして、バッチ起動支援システムがあります。

　バッチ起動支援システムは、当日の作業計画を物量の予測で決め、作業単位毎にバッチを組みます。当日に都度入ってくる確定受注と作業進捗を見ながら、作業計画を確定受注データで修正して、バッチ起動の組立を変更します。

　バッチ起動の組み方次第では、庫内作業の段取りと、庫内作業費は大きく変わ

ります。

(1) バッチ起動を組む時の決定要素
　バッチ起動を組む時に、作業計画と作業進捗の決定要素には、次のような要素があります。
①納品先の納品指定時刻と納品先までの配送時間を確認します。
②納品時刻が近い納品先をグループ化して1バッチにします（次頁　表5-9）。
③1バッチ内の納品先毎の商品荷姿（ケースとピース）の物量を確定します。
④1バッチ内の庫内作業時間の見積りを行います（次頁　表5-10）。
　設備がケースとピースを一緒に行うようになっている時は、ケースとピースの作業処理時間ができるだけ均衡するようにします。ケースとピースの作業特性と物量によって、いずれかの作業が待機することがあります。
　ケースとピースをほぼ同じ作業時間で行うことが難しい場合は、設備設計でどちらかの作業を順次先行して行えるようにします。卸売業では、小売業への納品方法が、店別納品か総量納品かで、ケース作業とピース作業の作業時間が大きく違いますので、順次先行型の設備設計をしておくことです。
⑤上記②～④のように納品先をグループ化して1バッチにした時に、設備能力に余力がある時は、さらに納品先を先取りしてグループ化を行い、1バッチにします。その上で、再度②～④を繰り返して作業時間を算出します。
⑥作業要員は、個人別の作業生産性と出欠状況によって、トータルの作業処理時間が変わります。作業要員をどのような配置にすると、最適な生産性になるのかを組み合わせを検討します。
　ＡＩによってシステム化して、最小の努力で最適な成果が、得られるようにしておくことです。

第1節　マネジメント

<表5-9 受注データに基づくバッチ構成表の例>

受信時刻	バッチ起動時刻	バッチ内容	物量 ケース	物量 ピース	出発時刻	到着時刻	得意先の場所 住所	得意先の場所 距離(KM)
6:00	①8:00	S社	200	3,000	13:30	15:30	所沢	50
7:00		I社	600	8,000	13:30	14:30	沼南	25
7:00		C社	400	4,000	14:00	16:00	立川	48
			(1,200)	(15,000)				
6:00	②10:00	R社	400	8,000	15:00	17:00	四街道	55
9:30		T社	200	12,000	16:30	17:00	扇島	15
			(600)	(20,000)				
8:30	③12:00	M社	800	10,000	翌日7:30	翌日9:00	吉川	30
10:00		B社	300	5,000	翌日8:00	翌日11:00	青梅	90
11:30		F社	400	3,000	翌日8:00	翌日15:00	各店配送	-
			(1,500)	(18,000)				

<表5-10 運営スケジュール>

作業工程	バッチ	物量(単位)	生産性	総人数(人時)	人数(人)	作業時間 開始時刻	作業時間 終了時刻	8時	9時	10時
入荷・格納		7,000口	250	28	6	8:00	12:40	6	6	6
受信処理					1			1	1	1
ケースピッキング(ケース:c)	1	1,200c	150	8	3	9:00	11:40		3	3
	2	600c	150	4	3	11:42	12:02			
	3	1,500c	150	10	3	12:50	16:20			
	計	3,300c		22	3				3	3
ピースピッキング(ピース:p)	1	15,000p	500	30	15	9:00	11:00		15	15
	2	20,000p	500	40	15	11:00	14:40			
	3	18,000p	500	36	15	14:40	16:04			
	計	53,000p		106	15				15	15
補充		2,200c	150	15	3	9:00	11:00		3	3
荷揃	1	1,800口	125	15	5	9:00	12:00		5	5
	2	1,400口	125	12	5	12:00	14:24			
	3	2,220口	125	18	5	14:30	17:06			
	計	5,420口		45	5				5	5
人数計(人)				215	33			7	33	33

第5章　物流自動化設備

（2）作業時間は何によって決まるか

作業時間は、物量、ケースとピースの物量による商品構成、作業者の生産性、及び設備能力に左右されます。要点は、次の点です。

①物量が、商品構成によってケース勝ちかピース勝ちがあります。

ピース作業の方が、生産性が低く、人手でもかかります。また、作業者別の生産性は、人によって生産性の差が随分とあり、バラついています。

②店別に仕分けして納品する時

店舗別発注データの内容をアイテム別（行数別）発注数で見ることです。店舗別発注データの1行当り数量が3ピース以上の時は、総量摘み取りをして、店舗別に種蒔する方がトータルの作業人時数は少なくてすみます（表5-11）。

<表5-11　店別摘み取りと総量摘み取り・荷揃え種蒔の比較>

比較項目	A. 店別摘み取りピッキング	B. 総量摘み取りピッキング			
		モデル①	モデル②	モデル③	モデル④
店数	100店	同左	同左	同左	同左
ピッキング数	1620ピース 店別16p/店×100店	1620ピース 総量	同左	同左	同左
アイテム(SKU)数	9sku(s)/店	全店同一アイテム 9 sku	同 162 sku	同 324 sku	同 648 sku
アイテム当りピース数	1.8ピース/sku	180p/sku (1620/9)	10p/sku (1620/162)	5p/sku (1620/324)	2.5p/sku (1620/648)
店当りピース数	16.2ピース/店 (1.8p/s×9sku/店)	同左	同左	同左	同左
ピッキング回数	900回 (9sku/店×100店)	9回 (9sku)	162回 (162sku)	324回 (324sku)	648回 (648sku)
ピッキング作業人時	12人時 48秒/回×900回	0.12人時 (48×9)	2.16人時 (48×162)	4.32人時 (48×324)	8.64人時 (48×648)
店別種蒔作業人時	0	4.05人時 (1620p÷400p/人時)	同左	同左	同左
作業人時計	12人時	4.17人時	6.21人時	8.37人時	12.69人時

注．作業人時計＝ピッキング作業人時＋店別種蒔作業人時

③設備能力は、連続運転次第と、待機時間次第です。

第1節　マネジメント

　以上の①から③を適切に組み合わせてバッチにするには、かなりの経験とノウハウが必要です。現在は、毎日バッチを組み替えるのは大変ですので、ルーティンとして曜日別にバッチを固定にしています。
　物量や作業者の生産性、設備能力等のデータは揃っていますので、システムによって納品先の組み合わせを「最適解」にする、即ち作業時間や待機時間が最小化になるように、納品先を組み合わせてバッチを作ることです。
　日々の物量変動の中で納品先を組み替えることができれば、庫内作業はもっと楽になり、コストは下がります。こうした点は、ＡＩが得意とすることです。

２）バッチ起動計画の見直しの事例
（１）Ａ物流センターの事例
①見直し前の作業状況

　確定受注データは、小売業から午前に受信開始し、午後２時40分や３時30分等にあります。前日締め分（バッチナンバー-43,44,45,46）を午前８時から11時近く迄と、当日午前分（バッチナンバー-47,48,49,50）を午前中に庫内作業しますと、午前と午後との間に大きな待機時間が発生します（下図丸印の箇所）。結果としては、作業時間が９時間かかっています。

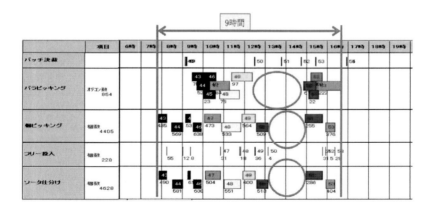

②見直し後の作業状況

バッチ起動計画と作業計画の関連を見直し、作業を 13 時から当日受注分を連続的にできるようにしました。待機時間が無くなり、作業時間が 5.5 時間と、3.5 時間も短縮されます。従って、バッチ起動を 6 回から 5 回にして、作業時間の見直しにより、庫内コストが 39％削減できることになります。

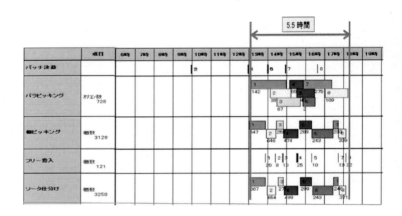

（2）B物流センターの事例
①見直し前（X年 2 月 9 日月曜日）13 回バッチ起動（オーダー処理）

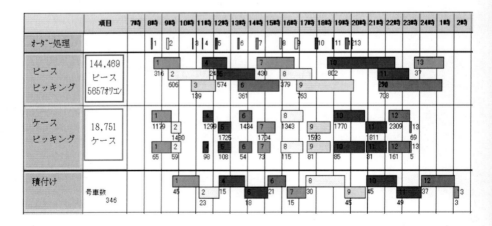

第1節　マネジメント

②見直し後（Y年2月14日月曜日）9回バッチ起動（オーダー処理）

項目	7時	8時	9時	10時	11時	12時	13時	14時	15時	16時	17時	18時	19時	20時	21時	22時	23時	24時	1時	2時
オーダー処理		2		4		5	6		10		11	12	13	14						
ピースピッキング 166,310ピース			2 31261		4 26299		6 34653			10 59825			12 14272							
ケースピッキング 20,018ケース			2 2143 / 2 134	4 2803 / 4 98	5 2685 / 5 129	6 2451 / 6 140		10 2100 / 10 133	11 2342 / 11 200	12 2163 / 12 151	13 2205 / 13 151									
積付け 号車数 283			2 25	4 27	5 33	6 39		10 46	11 33	12 47	13 33									

③見直し効果

　バッチ起動回数（オーダー処理）を減らすことで、ピース作業、ケース作業と積み付け作業が、作業時間にして17％短縮し、改善されています。

　出荷物量が同じであれば、バッチ回数を減らすことは、バッチサイズの物量が大きくなります。同時に、バッチ切り替え数が減り、切り替え時間が減ります。従って、ケースピッキングやピースピッキングの生産性が向上します。

　B物流センターの事例では、物量は増加しているのに、作業時間がさらに短くなっています（下表）。

<バッチの見直し前と見直し後の比較>

作業	見直し前 物量	見直し後 物量
ピース作業	144,469 ピース	166,310 ピース
ケース作業	18,751 ケース	20,018 ケース
号車数	346 号車	283 号車

第5章　物流自動化設備

作業	見直し前 作業時間	バッチ数	見直し後 作業時間	バッチ数	減少効果 作業時間	バッチ数
ピース	17時間	13	14時間40分	5	2時間20分	8
ケース	15時間	12	12時間50分	8	2時間10分	4
積付け	16時間20分	12	12時間30分	8	3時間50分	4
計	48時間20分		40時間		8時間20分 (17%減少)	

＜第1節のまとめ＞
　「計画によるマネジメント」と「バッチ起動計画」は、物流センター運営の肝になります。センター長を中心にした物流センターのマネジメントに携わるメンバーの基本的な仕事です。
　マネジメントの基本は、「どうありたいか」の計画を立てることです。物流における出発点は、「計画によるマネジメント」によって、物量に応じた作業計画を作ることと、「バッチ起動計画」の二つを徹底して見直すことです。
　現場での作業の生産性向上の前に行うべきことは、この二つです。そうすれば、生産性は大幅に向上します。
　この二つで大事なことは、人や設備に関連する詳細かつリアルタイムのデータを使って、ＡＩによるシミュレーションを繰り返しますと、最適解を求めることができます。また、データに基づいてシステム化しますと、効果を持続させることができます。

第2節　物流自動化技術

1．庫内作業の省力化・自動化対象設備機器候補

「物流システム機器生産出荷統計」[1]をプロセス毎に区分けしてみますと、設備の自動化状況が一覧できます（表5-12）。

一覧表から物流設備自動化の可能性を見ますと、ケース系統に関しては、技術的に積み上げています。自動化の課題は、ピースピッキング、その他（積み降ろし、積み付け、積込、補充等）、コンピュータ（ソフト等）にあります。

<表5-12　物流設備機器一覧>

プロセス		設備機器	自動化状況	プロセス		設備機器	自動化状況
保管	自動倉庫	パレット用（ビル式、ユニット式）バケット用（ユニット式）	○	搬送	コンベア	パレット搬送用ケース搬送用ハンガー式	△
	回転棚	回転棚（垂直式、水平式）	△	ピッキング		デジタルピッキング表示器ピッキング台車	課題
	移動棚	移動棚（電動式、手動式）	△	仕分機		仕分ソータ	○
	棚	重量棚中軽量棚流動棚	－	その他		積み付け・積み込みロボット、補充ロボット等	課題
搬送	パレタイザー、デパレタイザー		△	コンピュータ		ハード、ソフトLMS、WMS、TMSIOTやAIの開発	課題
	台車	天井走行有軌道無軌道（無人搬送台車）	△	フォークリフト		バッテリー、エンジン	△
	垂直搬送機	パレット搬送用ケース・ピース搬送用	△	パレット		サイズ T11、木製、プラスチック等	－

注1)　「物流システム機器生産出荷統計」とそのカテゴリー分類は、日本ロジスティクスシステム協会と日本物流システム機器協会の発表に基づきます。プロセスの内、コンピュータのソフト、フォークリフトとパレットは、筆者が追加記入しています。

注2)　「自動化状況」の筆者の評価は、自動化済○、自動化可能△、対象外－、課題とする工程に分けています。

第5章　物流自動化設備

2．自動化の対象となる工程
（1）ケースピッキングの自動化は可能
　庫内作業の内、第1章の事例研究で見ましたように、ケースの保管、ピッキングや搬送の自動化は可能です。ケースやパレットに関わる工程は、現在の技術では、事例の当時よりも安価で、入荷から出庫までを自動化できます。
　前頁の一覧表にあるように、ケース作業の自動化は、マテハンメーカーにおいて、自動倉庫とその前後の入出庫を中心に研究され、エンジニアリングしています。物流センターで実稼働しています。

（2）ケース作業工程の内、自動化の課題になる3つの工程
　企業間や企業内の荷物の受け渡し作業の多くは、今でも人手で行われています。また、それは空調等を利かせにくい場所で行われておりますので、3K職場といわれています。今後の労働環境条件改善のためにも自動化が望まれます。
①入荷時に、トラック、JRコンテナや国際貨物コンテナ等から、パレットに未積載のケース等を、人手で「積み降ろし」する工程
　（コンテナから貨物を積み降ろすことをデバンニングと呼んでいます。）
②出荷するケースを、パレットやカゴ車等へ「積み付け」する工程
③トラックやJRコンテナや国際貨物コンテナに「積み込み」する工程
　（コンテナに貨物を積み込みすることをバンニングといいます。）

（3）ピースピッキング工程
　ピースピッキング工程は、人手によらざるを得ないために時間をとられている工程です。ピースの商品荷姿や重量、容積等は千差万別です。
　一つひとつのピースを認識して、把持、移載する工程は、現在「人ならでは」の工程なっています。自動化を行うと、物流センターの中では人時数削減の効果が高い工程です。

（4）通信販売の物流センターでの課題
　1人から受注して、ピッキングした複数の商品を、送り先毎に1つにまとめることと、「自動梱包」することです。

（5）輸配送時でのドライバーの手荷役と待機時間の削減
　庫内作業の入荷工程の「積み降ろし」と、出荷工程の「積み込み」に係わる工

程です。
（6）トラックの自動運転
　ドライバー不足の折、少なくとも、幹線では自動運転ができ、縦列走行（複数トラックによる大量輸送が可能）ができるようになることです。

　以上の工程の中で、自動化ができると、物流現場に革命的な変化を起こすのが、次の7つの工程です。
- 積み降ろし
- ケースピッキング（ピースへの補充を含む）
- ピースピッキング
- 自動梱包
- 積み付け
- 積込
- トラックの自動運転

3．ピースピッキング作業の自動化
1）ピースピッキングの基本事項
（1）ピッキングとは
　ピッキングとは、受注があった商品を在庫から選び取り出すことといいます。

（2）ピッキング方法
①シングルピッキングは、客先の受注毎に在庫より該当商品をピッキングします（摘み取り方式）。
②バッチピッキング、又は総量ピッキングは、数件以上の客先を一つのバッチにして、アイテム毎に総受注数を在庫よりピッキング（摘み取り）し、後で、客先毎に仕分ける作業を行います（種蒔、又はアソートといいます）。
③複合ピッキングは、シングルピッキングとバッチピッキング（総量ピッキング）の組み合わせをいいます。受注時のピッキング量によって使い分けています。

（3）ピッキングの作業方法
①人が、商品のところに移動してピッキングする方式
　商品の保管場所や保管棚が固定されていますので、人が商品を取りに行くことが一般的に行われています。

ピッキングに要する時間は、商品を取りに行き、商品を探し、元の場所に戻るという移動時間と、商品を取り出す時間に区分できます。

②商品を人のところに自動的に搬出して行う方式

商品がピッカーのところにくるのを、設備が行います。例としては回転棚があります。また、最近は、移動棚方式が普及し始めました。設備は、他の商品の搬出と同時に並行処理を行います。

ピッキングに要する時間は、人にとっては、商品を取り出す時間が対象になります。

（4）作業員の配置

①1人1件方法は、1人のピッカーが1件の受注伝票で、注文のあった商品をピッキングします。

②リレー方法は、数人のピッカーが担当する商品や棚の範囲を決めておき、ピッキング指示があった受け持ち範囲の商品をピッキングし、リレー式に次のピッカーに渡していきます。

2）ピースピッキングの方式と設備の例

ピースピッキングの方式には、前述の通りに、シングルピッキングと、バッチピッキング（総量ピッキング）があり、各々に設備の方式があります（下図参照）。

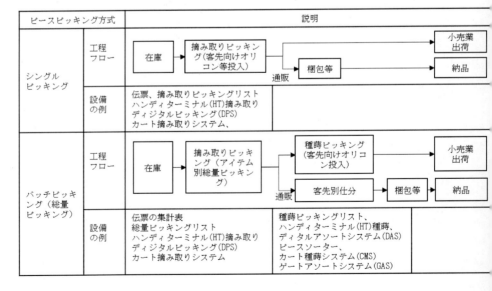

①摘み取りピースピッキング

　摘み取りピースピッキングは、ピース保管エリアから指示された商品をピッキングすることです。設備には、デジタルピッキング設備や摘み取りカートピッキング設備、ハンディターミナルによる摘み取り等があります。

　摘み取りピースピッキングでカートを使った設備であれば、1件のピースピッキングをするための作業者は、次の作業動作を繰り返し行います。

- ・作業に取り掛かる準備
- ・ピッキング間口への移動
- ・ピッキング（摘み取り）作業
- ・元の場所に移動
- ・作業の後片付け

　準備、移動、後片付けといったピッキングに付随する動作が、生産性の向上にとって課題になります。

②種蒔ピースピッキング

　種蒔ピースピッキングは、保管エリアに置いている商品をアイテム毎に総量で摘み取ってきたものを、店別やカテゴリー別等に種蒔するピースピッキングです。または、取引先から総量納品された商品を店別・カテゴリー別等に種蒔する時に行います。

　設備としては、ピースソーター、カート種蒔システム（CMS）、ゲートアソートシステム（GAS）、デジタルアソートシステム（DAS）、HTによる種蒔等があります。

　同一アイテムを店別やカテゴリー別に蒔いていきますので、移動時間が問題になります。

3）ピースピッキング自動化の視点

　商品を認識することから始まり、在庫補充やピッキングをして、オリコンに投入する迄のワンサイクルを考えてみます。

（1）商品の認識

　ピースピッキング作業の自動化は、商品の認識と1ピース単位の商品の把持をどのようにするのかにかかっています。

　最近の技術レベルでは、個体の認識技術が上がっています。商品コードは、バーコードだけでなく、二次元コード（QRコード）が印刷されていたり、RFID（radio frequency identification）が、添付されたりしています。

RFIDは、単品毎にスキャンする手間をなくして、自動認識されますので、商品投入や検品の作業が単純化されます。

また、コードをあてにしなくても、ＡＩを使った画像認識技術の向上で、単体の商品を識別できるようになっています。

（２）補充

ケース保管エリアからピース保管エリアへのケースの搬送は、コンベアで行えます。ピース保管棚への補充は、ピース保管棚の設備機器に合わせたロボット等で行います。

ピース保管棚に補充する時に課題になる点は、次の通りです。いずれも速い処理速度が要求されます。

①ケース天面カットと単品把持

ケースに梱包されているピースを取り出すには、通常はケースの上面を自動カットしてピースを取り出します。そして、商品を単品で把持することになります。商品がぴったりと詰まったケースや、ケース天面と中身の間のアロワンスがないためにケースの中から、ピースを一つひとつ取り出すのが課題になります。モノを掴む技術の開発が待たれます。

②脱段ボール

ケースを脱段ボール化して、ピース保管用のトレイ等に単品を保管するやり方があります。技術的には、脱段ボールをどのように行うのかと、ピース保管用のトレイに移し替えることが要求されます。

（３）ピースピッキング用の万能ハンド開発

商品の荷姿や形状によって、最適なピッキングの方法は変わります。現在、多くのピッキング自動設備機器は、吸引型(バキューム方式)の自動摘み取り方式です。従って、商品の荷姿や形状が、吸引型自動摘み取り機に適していれば、そのまま使えます。

一方、商品の荷姿や形状は、ピースであれ、ケースであれ、形状はどんどん変わっていきます。商品の荷姿や形状の未来を見通すことの困難さがついて回ります。その為に、ピースピッキング時に、いろいろな形状の商品を把持できる「万能ハンド」の開発が望まれます。

（4）商品をオリコンに投入する時
①人が商品をオリコンに投入する時
　ピッキングした商品をオリコン等の搬送容器に入れる時に、人であれば、
・オリコンの中や、入っている商品の状況を見て、
・どこに入れるとよいのか、
・どうやって入れるのか、
・先に入っている商品を整理しながら、
・商品毎にオリコンの中の置く場所を考えながら入れることができます。
②ロボットが商品をオリコンに投入する時
　ロボットに商品をオリコンに投入させるには、どうするとよいでしょうか。オリコンに投入できる商品の容積計算は既に行われているとします。
・商品をロボットから落として入れることはすぐにできますが、商品によっては傷つくか、または他の商品を傷つけるかもしれません。
・商品を落下する方式では、オリコンに商品が雑然と投入されますので、商品が積み重ねられていきます。このままにしておきますと、納入先からオリコン内の商品の入れ方についてクレームがくるでしょう。
　従って、商品の大小・重さ・形状等で、オリコン内の積み付け方について、研究が必要です。当面、オリコンの最終工程で、人の手で商品を片付けることをしなくてはならないでしょう。

（5）搬送
　ロボットが移動する方式としては、多くは自動搬送方式を採用しています。

4）ピースピッキングの作業時間を短くするには
（1）ピースピッキング動作で何に注目するか
　一つ目は、ピースピッキングの摘み取り方式であれ、種蒔方式であれ、作業動作の中で、「移動」がピッキング作業の中では非生産的です。しかも、多くの事例や理論値では、移動時間がピースピッキング作業の約半分を占めています。
　人を歩かせないピッキングの仕組みを考えますと、ピースピッキングの生産性は、現状の2倍以上になります。
　二つ目は、ピッキング作業そのものに注目します。その上で、移動とピッキング作業の両方をロボット化する案です。

第5章　物流自動化設備

<表5-13 作業の価値と自動化案>

作業の価値	ピッキング作業	作業の省力化・自動化案	
		案1	案2
①付加価値を生む作業	ピッキング	人による手作業	ピッキングロボット（ピキングと移動の両方を行う）
②付加価値を生む作業を行うための作業	・準備・後片付け作業、 ・移動	歩かせないピッキングシステム 例：棚移動システム等	

注：当表は第3章「表3-9 付加価値を生む作業とピッキング作業」を基にしています。

（2）歩かせないピッキングシステムの方法
　歩かせないピッキングシステムとしては、代表的には、次の4つでしょう。
①商品を保管する棚をピッカーの手元まで自動搬送するロボット
・Kiva System（アマゾンロボティクス社、アマゾン社内のみ使用）
　3万台の導入実績と、製造コストは1万ドルのようです。
・Racrew（日立製作所）2014年8月発売
・Butler（GROUND社/Grey Orange社）2016年1月発売
・Geek＋EVE（中国、ギークプラス日本法人）　2017年7月発売

<自動搬送ロボットButlerの写真[1]>

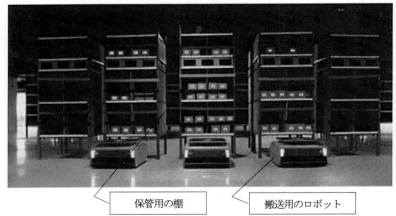

保管用の棚　　搬送用のロボット

注1）写真出所『Material Flow 2017/7』

第2節　物流自動化技術

<Racrewの仕様>

Racrewの仕様[2]	
名称	Racrew（ラックル）小型・低床式無人搬送車
サイズ	幅900×長さ960×高さ380㍉
積載荷重	最大500kg（棚重量と荷物重量の合計）
走行駆動	2輪速度差方式
走行速度	500kg負荷時の最大分速60m、 無負荷時最大分速80m可能
旋回移動、誘導方式	可能、固定マーカー追跡方式
電源	リチウムイオン電池
充電	自動充電機構付（24時間運転可能）
他	10台から100台規模を群制御可能
棚の基本仕様	
専用棚（2面）	幅1,250×長さ1,250×高さ1,900㍉
専用棚（4面）	^
専用棚（ハンガー式）	^
専用棚（パレット）	^

注2）データ出所：『LOGISTICS Racrew 小型低床式無人搬送車』㈱日立製作所インフラシステム社のカタログ

②積み木式のロボット自動倉庫で保管場所からピッカーの手元まで搬送

　ロボットストレージシステムのAutoStoreの特徴は、高密度収納です。発売元の発表によりますと、平置き棚に比較して3分の1、自動倉庫に比較して2分の1の設置スペースです。

　レイアウトは、従来の自動倉庫に比して自由度が高いことです。例としては、柱を巻く、多角形にする、張り出し、トンネル状、床の段差等に対応できます。ロボットが、必要とする商品をビン（コンテナ）に入れたまま、ピッカーの手元まで自動搬送します。

第5章　物流自動化設備

<AutoStore（オートストア）[1]>

ロボット

グリッド保管棚になっており、ビン（コンテナ）が格納されています。

注1）写真出所『Material Flow 2017/7』

③クレーン式とシャトル式自動倉庫の併用
　パレット保管の自動倉庫（クレーン式）と、ケース若しくはオリコンやトレイ、ケースを保管しているシャトル式自動倉庫を併用して、ピッカーのところへ商品を移動する方式です。

　①②③のいずれもピッキングに必要な商品が、ピッカーの手元に来ることが特徴です。従って、人の移動時間は無くなります。課題としては、ピッカーに変わって、ピースピッキング作業そのものを自動化することです。

④歩かせないピッキングシステムの事例
　歩かせないピッキングシステムを採用している事例として、㈱MonotaRO（モノタロウ）を取り上げます。同社は、年商842億円（2017年予算）、各種産業用途に使われる消耗品、整備工具、各種関連用品、事務用品など、多品種少量の商品を取り扱っているＥＣ企業です。
　取扱アイテム数は1,000万点を超えており、その内、即発送可能なのは、50万点です。残り950万点は取り寄せ品になります。
　同社の笠間ディストリビューションセンター（笠間ＤＣと略、茨城県）は、2017年1月に竣工し、延べ床面積約17,000坪の平屋建てです。Racrew（154台）とシャトル式自動倉庫方式を採用しています。MonotaRO社が、なぜ、Racrewを主に採用したのか、両者の比較をしています。

148

第2節　物流自動化技術

<MonotaROにおけるRacrewとシャトル式自動倉庫方式の比較>

比較項目		Racrew（日立）	シャトル式自動倉庫方式
商品		商品のサイズ・形状によって収納間口をフレキシブルに調整して大きめの品目にも対応できる	商品のサイズは、コンテナの容積に制約される
物量ABC分析所見	A管理品	需要量が多く、機械能力が追い付かない	同左
	B管理品	コスト効率が高い（○）	コスト効率が低い（△）
	C管理品	保管コストが高くなる	同左
出庫能力		棚毎搬送 Racrewとシャトル式の出庫能力に大きな差はない	コンテナを搬送 同左
容積効率		棚の高さに制約されるので、天井までのスペースは使用できない	ケース型自動倉庫なので容積効率は高い
設備トラブル対応		分散型システムなので、1台にトラブルがあっても、他のRacrewでカバーできる	自動倉庫のシャトルが停止すると復旧に時間がかかり、運営への影響が大きい

注1）出所「自律搬送ロボット154台で生産性倍増、間接資材ＥＣネットワークがさらに進化」『Material Flow 2017/6』一部編集

（3）ピースピッキングロボット

　ピースピッキング時の移動とピッキング作業の両方をピッキングロボットにする案と、歩かせないピッキングシステム（前述）と組み合わせて、ピースピッキングをロボット化する案があります。

①ピースの保管方式

A．従来通りの中量棚等に保管します。

B．「歩かせないピッキングシステム」を対象とした棚方式と、積み木式のロボット自動倉庫やシャトル式自動倉庫のようにコンテナ方式があります。

C．ピース保管とピースピッキング設備が一体になっており、ピースを切り出す方式があります。トーヨーカネツソリューションズ社製の「Aフレーム自動

第5章 物流自動化設備

ピッキングシステム」が典型です。

②ロボットのタイプ－移動式と固定式
　ピースピッキングをロボットが行う方式ですと、ピースの保管方法によって、ピッキングするロボットが移動する方式か、ロボット固定方式になります。
A．商品を保管する中量棚等が固定していますと、移動・搬送ができて、かつピッキングできるロボットになります。保管用の棚を固定したピッキングロボットのイメージは、下図のようになります。

＜商品の保管棚とロボットのイメージ図＞

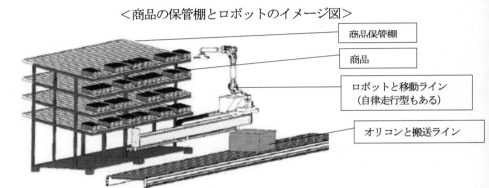

出所：オークラ輸送機(株)提供

B．「歩かせないピッキングシステムの方法」で4通りの案を説明していますが、保管している商品が手元に来る方式ですと、ピッキングするロボットを固定することができます。
　例えば、西部電機社が販売している「ピースピッキングロボ」や、村田機械社の「ティーチレスピースピッキングソリューションズ」です。
C．人がピッキングした商品を、オリコンやトレイに投入する移動型ロボットがあります。この方式は、人が移動及びピッキングする時に、ピッキングした商品を持たなくても良い点はありますが、生産性向上にはあまり寄与しません。

　上記②の内、A方式は、B方式の固定式ロボットのピッキングを兼ねることができますので、移動及びピッキング作業を兼ね備えたロボットを検討してみます。
　ピースピッキングの完全な自動化は、人が歩かないだけではなく、ピッキング

作業そのものにもロボットが行います。生産性は、人が移動することはなくなりますし、ロボットのピッキング能力次第になります。

　生産性は、現在のピースピッキング作業の範囲で、人と同じ生産性でよければ、1ピースを5〜10秒でピッキングサイクルができれば良いでしょう。即ち、360〜720ピース/時間を目途にしています。

　作業エリアで人との共存を想定するならば、ロボットの電圧を100ボルトで稼働するように設計することです。ロボットの電圧を200ボルトにしますと、安全基準上、ロボットに安全柵が必要になります。

③ハンド開発の見通し

　ロボット化する課題は、ピースピッキングする際のハンドにあります。吸引方式のみならず、把持する方式の万能型ハンドの開発が待たれます。

　ＰｒｏＭａｔ2017（米国）で発表された中で注目したのが、ライトハンド・ロボティクス社（Right Hand Robotics, Inc）が開発した「ライトピック」です。ライトピックのグリッパーは、バキュームとフィンガーの構造になっており、3本指の中心部根元にバー伸縮式の吸引カップが組み合わせています。

　ライトピックがモノをピッキングする時のワンサイクルを想定してみます。
・ロボットがモノを視認しますと、
・まず、バキュームバーが伸びてモノを吸着して、引き付けます。
・次に、3本のフィンガーがモノを挟んで、確実に把持します。
・モノを容器の中に落とします。

　ライトピックは、吸引と把持を併せ持った構造になっていますので、多様なモノに対応可能でしょう。ロボットハンドの動きは、ＭＵＪＩＮ社が開発したティーチレス技術[1]を使えばもっとスムースになるでしょう。

注1）ＭＵＪＩＮ社が、ロボットコントローラ「ピックワーカー」で実現した技術です。不定形不定量のハンドリング作業を自動化します。2016年10月第7回ロボット大賞・経済産業大臣賞を受賞しています。

第5章　物流自動化設備

　ライトピックを活用したデモが、ＰｒｏＭａｔ2017の会場でインテグレータ数社から展示されていました。スイスログ社は、シャトル自動倉庫から出庫されたトレイのモノをピッキングして、箱に移載することを提案しています。
　ユーロソート社は、トレイに積まれたモノをソーターに投入するロボットを提案しています。

　　＜ユーロソート社のデモ光景＞

注：写真の出所『MATERIAL FLOW 2017/6』

④開発されている移動式ロボットの現況
　最近のロボットは、自律搬送型が多く開発され、販売されています。例としては、次の通りです。
A．Fetch（フィッチ）：Fetch Robotics 社製
　Fetch は、2本のピッキングアームを備えた自動搬送車です。イノベーション・マトリックス社（米国）が2015年9月に日本で発売しています。
B．HiMoveRO（ハイモベロ）：日立製作所、2016年10月発売
　HiMoveRO は、2本のピッキングアームを搭載できる自律走行装置です。上部には、カワダロボティクス製双腕ロボット NEXTAGE を搭載し、ピッキングができます。
C．Mr.Baxter：Rethink Robotics 社製（米国）、自動搬送車は、KNAPP 社製（ドイツ）
　Mr.Baxter は、2本のピッキングアームを備えた自動搬送車です。ピースピッキングを完全自動化し、基本タイプで1台当り3万ドルと言われています。
D．Delft Robotics 社と TU デルフト・ロボティクス研究所による共同チームが、アマゾン社主催のロボットコンテストで2016年に優勝しました。コンテストで競ったことは、ピック作業（棚に保管している12個の荷物を、識別して掴

み上げてケースに詰める）と、ストウ作業（12個の荷物を指定の棚枠に格納する）です。

5）マテハンメーカーのピースピッキング自動化の現状
　ピースピッキングの自動化については、各メーカーが自社のネットサイトに掲載していることを記載しておきます（2016/3/5現在、メーカー五十音順）。
（1）IHI
　自動ピースピッキングシステム「アイテマチック」は、小物商品のピッキング作業を完全自動します。
　作業者は送られてくる商品をカートンに、詰め替える作業だけなので、仕分けピッキング作業の能率が飛躍的に向上します。

（2）ダイフク
①ピース自動ピッキングシステム「SDA」
　自動ピッキング装置「SDA」から、ピース単位に集品コンベアへ切り出し、出荷先毎に出荷コンテナへ投入します。1台当たり最大1,200オーダ／時間の処理能力があり、商品にやさしい切り出し方式を採用しています。
②ピース自動ピッキングシステム「ロボットピッキング」
　コンテナからピース単位のロボット自動ピッキングを実現しました。ケースからピース単位で自動ピッキングします。1台当たり最大900ピース／時間の処理能力があり、画像処理による荷位置検出、高速自動倉庫と組み合わせた完全自動化を実現しています。

（3）トーヨーカネツソリューション
　「Aフレーム自動ピッキングシステム」は、毎時1,200オーダ集品を実現した高速ピッキングシステムです。高中頻度アイテムに対応します。医薬品、化粧品、タバコ、ディスポーザルコンタクトレンズなど小物のアイテムを高速で自動ピッキングするシステムです。自動補充機、自動スタッカー、パッカーを付加することにより、補充、ピッキングから梱包まで一連の自動化も可能です。
　最大毎時1,800オーダのコンテナへの投入装置との組み合わせにより、世界最速のピッキングシステムの構築が可能（オプション）です。

4．積み降ろし、積み付け、積込のロボット化
（1） ドライバーの荷役範囲

　トラックの実車率や回転率を上げるために、輸配送とドライバーの荷役範囲に焦点を当てて検討することです。トラックが物流センターに到着後に、待機時間が発生しています。物流センターの運営や設備能力の面から言えば、入荷能力が低いことや、場内にトラックの待機場所がないことにあります。その上に、ドライバーが、積み降ろしや積み込み作業を慣行として行っています。

　入荷・出荷時のトラック等からの荷物の積み降ろしや積み込みは、誰の責任なのかであります。庫内側のコストなのか、輸配送側のコストなのか、また、荷主側の納入価格に含まれるコストなのかといった負担問題です。

　ドライバーの荷役範囲によるコスト負担を制度的に検討するには、国際物流のインコタームズが参考になります。下図は国際物流のコストの考え方です。積み込みや積み降ろしが、条件によって変わることが明記されています（図5-3）。

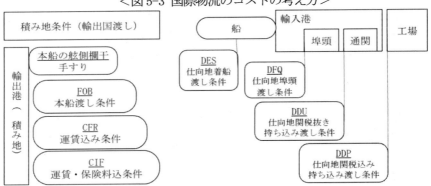

＜図5-3　国際物流のコストの考え方＞

注1．C：コスト（貨物の価格）、F：フレイト（貨物輸送費）
　　F：フリー（引渡し）、インコタームズのF型のF、I：インシュアランス（保険）
　　FOB：フリー・オン・ボード（甲板渡し、輸入者が運賃と保険を負担）、
　　CIF：コスト・インシュアランス・フレイト（輸出者が運賃と保険を負担）、

注2．インコタームズ（incoterms: international commercial terms, international rules for the interpretation of trade terms の略）国際商業会議所が制定した「貿易条件の

解釈に関する国際規則」の略称。現在のものは1990年に改正され、13種類の定型取引条件が規定され、EDIに対応しています。

参考『図解国際物流のしくみと貿易の実務』鈴木邦成著日刊工業新聞社2014年

（2）積み降ろし

積み降ろしとは、車やコンテナ等の中に積まれているケース等を積み降ろしすることです。積み降ろし作業の自動化は、一貫パレチゼーションを図ることが第一歩です。サプライチェーンにおけるパレットの流れは、65頁（ユニットロード）を参照ください。パレットであれば、現在でも自動化を図る地合いはあります。

積み降ろしの自動化は、ケースの強度があることや、パレットに積載されていることが前提です。しかも、パレットはグローバルに見渡した時に、パレットサイズに様々な違いがありますが、パレットサイズが統一化されていることです。一方、ケース数が少ないために、パレット化されていないことが多くあります。

ダイフク社は、米国ウィンライト社を2013年に買収しています。ウィンライト社が開発した「積み降ろしロボット」を2015年10月に米国向けに発売しています。2015年8月のダイフク社発表によれば、トラックの荷台に乗って段ボールのケースを荷台からコンベアに移します。ロボットは、4～6軸の関節を備えた産業用ロボットと自動走行する台車を組み合わせています。距離センサーで人や障害物を把握して、ぶつからないように荷台に上がります。3次元センサーでケースを自動認識し、ケースに吸着したり、アームで挟んだりして持ち上げます。1ケース当り30kgを目途にしています。

<図5-4 積み降ろしロボット>

出所：2015/8/13 日本経済新聞

第5章　物流自動化設備

（3）積み付け

　庫内作業工程の最後に、ケースをパレット若しくはカゴ車に積み付けて荷揃えします。そして、トラックへの積込です。積み付けは、商品保護の為に、商品単位毎の重い・軽いや大きさで、積み方が変わります。

　配送時の積み降ろし順とも関係します。パレットやカゴ車にどのように積み付けるのか、パレットやカゴ車に積み付けるケースをすべて認識したうえで、積み付け順番制御を行うことになります。場合によっては、同一パレット内やカゴ車内で配送順も考慮して積み付けることになります。庫内作業と配送とをシステム的に関係つけることになります。

　オリコンは、ほぼ同一の荷姿をしていますので、オリコンの積み付けロボットは普及済です。

　イオン北関東ＲＤＣ（センコー社運営の野田第一ＰＤセンター内）では、飲料や酒類の積み付けをロボットで代替した事例があります[1]。

　メーカーから届くパレットに積まれた飲料や酒類のケースを、店舗納品用の6輪カートに積み替える作業です。従来は、重量があり、かさばる飲料や酒類を、1日数百ケースから数千ケース積み替えるのを、人手に頼っており、過酷な作業でした。

　この作業をロボット化しています。アームロボットはファナック社、ハンドはオムニヨシダ社が提供しています。2016年11月にビール1品目からスタートして、2017年2月に4機のハンドで26品目に対応しています。

　また、6輪カートの搬送には、トヨタＬ＆Ｆ社のＡＧＶ（自動搬送車）が使われています。

（4）積込

　積み込みは、ケースが積まれているパレット若しくは、カゴ車をどのようにトラックに積み込むかです。

　積み降ろしロボットとは、逆方向の作業になります。

注1）イオン北関東ＲＤＣの項は、『MATERIAL FLOW2017/6』参照

5．自動化と非自動化の物流フロー

　すべての商品を自動化することが目標です。しかしながら、商品の荷姿は様々です。大きいものから小さいものまで、重いものから軽いものまで、硬いものから柔らかいものまであります。また包装形態や包装材料もさまざまです。

　卸売業等において、実際に物流センターをエンジニアリングするとしたら、ケースもピースも自動化ラインと非自動化ラインの両方を検討の視野に入れておくことです。商品の荷姿によって、段階的に自動化を図っていくこともあります。

　商品の荷姿によって、自動化と非自動化の構成をどのように取るのかが課題になります。

　ケースの自動化は、マテハンメーカーが経験的に積み上げてきたものがあります。ケースで、非自動化ラインでピッキングした商品を自動化ラインに投入して、店別等に荷揃えすることはできます。

　ピースピッキングの自動化は、これから普及していきます。従って、ケースと同様に、ピースピッキングの自動化ラインと非自動化ラインを別々に作ります。図5-6（次頁）のオリコン納品先合流ラインのように、各々でピッキングした商品を納品先別に合流していくことになります。

第5章　物流自動化設備

<図5-5 物流センターの自動化と非自動化の物流フロー>

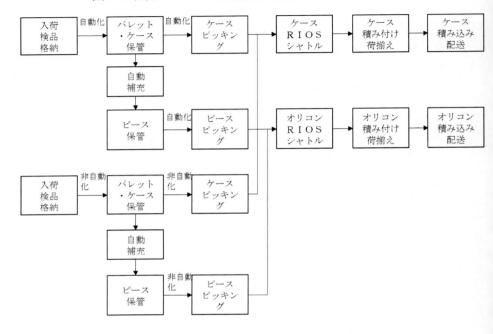

6．輸配送システムの開発事項

①トラック運転自動化や、複数トレーラー編成運転の自動化
　高速道路や幹線道では近い将来、自動運転の可能性が大きいと考えています。大型車を中心に、後列車無人の隊列走行が技術開発され、実施されるでしょう。

②輸配送時のＩｏＴ化
　現在、トラックの輸配送時の運行状況を、固有の情報機器やスマホ等のＧＰＳで、リアルタイムに把握しています。それに加えて、トラックの運転席の開閉動作（運転手の乗り降り）や、荷台の開閉（荷物の出し入れ）にセンサーを取り付ける、即ち、トラックに装備しているスマホ等の端末に作業行為の入力をしなくても、ＩｏＴ化してリアルタイムで把握することができるようになるでしょう。

③物流センターから顧客（消費者）までのラスト・ワン・マイル構築
　A．戸別納品ルートの最適化と配送時間帯
　　　再配送のゼロ化の検討
　　　配送車の車種と特装の検討
　　　配送車の自動化の検討
　B．留守宅受け取りの仕組み：一部マンションでは採用されてきています。また、個別住宅用の留守宅受け取り機器も販売されています。
　C．小売店や駅での受け取り：コンビニエンスストアでは採用されています。駅での受け取りも普及し始めました。
　D．無人航空機（ドローン）：千葉市（ドローンシティ構想／国家戦略特区）及び一部企業が、実証実験を2016年に開始しています。実用化は2020年が目途です。

第5章 物流自動化設備

＜第5章のまとめ＞

　第5章では、物流を生産性で改革していく上で、ソフト面とハード面でアプローチしています。
　ソフト面で大事なことは、「計画によるマネジメント」によって、運営を計画して実施することです。物量を予測することから始まり、作業計画、勤務計画まで作成します。
　計画の実施の中では、「バッチ起動」が要になります。作業計画を日々実施していく上では、バッチの組立如何によって、作業コストが大きく変わります。「バッチ起動」は、データを基にしています。各種のデータ（受注データ、人、設備等）を組み合わせて最適化を図るには、ＡＩ化したシステムを使うことです。
　計画によるマネジメントとバッチ起動を見直すことです。その上で、作業の生産性向上を図ると、作業工程にかけるコストが大きく変わります。
　ハード面では、物流自動化技術を取り上げています。自動化候補として7の工程を取り上げています。
・積み降ろし
・ケースピッキング（補充含む）
・ピースピッキング
・自動梱包
・積み付け
・積込
・トラックの自動運転

　工程毎の自動化設備の開発状況を概括しています。中でもロボットによるピースピッキングの自動化が要になります。
　また、積み降ろし、積み付け、積込の3工程は、庫内作業者やドライバーにとって3K職場になっていますので、早期に自動化が望まれます。

第2節　物流自動化技術

第6章　物流自動化設備投資

第1節　投資と売上・利益

　物流自動化設備は、働き手が少なくなっていく時代に必須と考えています。その為に、物流自動化設備をどの作業分野に適用するとよいか、あるいは、ＡＩやロボット化をどのように活用するとよいかを検討してきました。

　一方で、設備投資をして自動化を図ることは、事業展開上、費用や利益を大きく左右します。経営収支への影響の確認が必要です。設備導入によって、コストが具体的にどのようになるのか、貸借対照表、損益計算書、キャッシュフロー計算表の三表から見た時に、物流自動化設備の導入の必要性を財務的に明確にしておくことです。

　日米欧の利益に対する経営姿勢を、経営指標を比較することで確認しておきます。

①ＲＯＥ（自己資本利益率）

　経営指標の中でグローバルな投資家から認められている指標として、自己資本利益率（ＲＯＥ return on equity）があります。ＲＯＥは、損益計算書や貸借対照表に掲載されている数値から構成されています。

　ＲＯＥの計算式は、次の通りです。

$$\text{ROE} = \underset{\text{<収益性>}}{\text{売上高純利益率}} \times \underset{\text{<効率性>}}{\text{総資産回転率}} \times \underset{\text{<安全性>}}{\text{財務レバレッジ}}$$

$$\frac{\text{当期純利益}}{\text{自己資本}} = \frac{\text{当期純利益}}{\text{売上高}} \times \frac{\text{売上高}}{\text{総資産}} \times \frac{\text{総資産}}{\text{自己資本}}$$

　日本企業と欧米企業を比較してみますと、総資産回転率や財務レバレッジでは、大きな差はありません。しかし、日本企業は、売上高純利益率が低く、欧米企業の半分以下です。日本企業は、稼ぐ力が低いことが分かります。こうした点から見ますと、利益にどのような貢献をするかという点から、物流自動化設備を検討しておくことです。

第1節　投資と売上・利益

<表6-1　ROE国際比較>

国	産業	ROE(%)	売上高純利益率(%)	総資産回転率(回)	財務レバレッジ(倍)
日本	製造業	4.6	3.7	0.92	2.32
	非製造業	6.3	4.0	1.01	2.80
	合計	5.3	3.8	0.96	2.51
米国	製造業	28.9	11.6	0.86	2.47
	非製造業	17.6	9.7	1.03	2.88
	合計	22.6	10.5	0.96	2.69
欧州	製造業	15.2	9.2	0.80	2.58
	非製造業	14.8	8.6	0.93	3.08
	合計	15.0	8.9	0.87	2.86

出所：みさき投資による分析（メリルリンチの初期分析を基に、Bloombergデータを分析加工）

②ROA（総資産利益率）

　ROEに並ぶ主要経営指標として、総資産利益率（ROA　return on assets 又は、総資本利益率）があります。ROAは、総資産（総資本）を使っていかに利益を上げているかを表しています。収益性と効率性の総合指標と言えます。
　ROAの算出式は次の通りです。

$$\text{ROA} = \underset{<収益性>}{\text{売上高経常利益率}} \times \underset{<効率性>}{\text{総資産回転率}}$$

$$\frac{経常利益}{総資産} = \frac{経常利益}{売上高} \times \frac{売上高}{総資産}$$

　ROAは、第4章第2節「IoTの導入」の項（94頁）で、取り上げています。

第6章　物流自動化設備投資

第2節　投資とファイナンス

1. 投資

物流倉庫を建設する時に、自社投資で倉庫を建設にするのか、賃貸借契約をして倉庫を借りるのか、重要な経営意思決定事項です。投資の意思決定を行うに当たり、ファイナンス（金融）を知っておくことです（図6-1）。

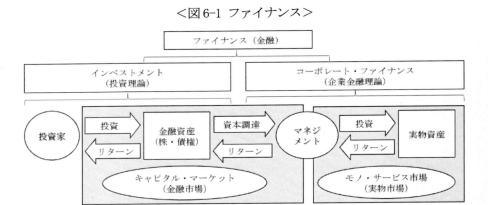

<図6-1　ファイナンス>

ファイナンスでは、「金銭には時間的価値がある」、つまり「今日の1円は、明日の1円よりも価値がある」と考えています。理由は、今日の1円は、銀行に預金すれば、金利を稼ぐことができます。一方、明日の1円は、今日の1円に比べて不確実だからです。

会計とファイナンスの違いは、「現在価値」にあります。ファイナンスでは、将来受け取る金銭の、今日の時点での価値のことを現在価値と呼びます。つまり、手元にある100万円と、数年後に受け取る100万円とでは、その価値は違うという考え方が土台になっています。ファイナンスにおける将来の利息の計算は全て、複利が前提になっています。

割引率は、将来の価値を現在価値に置き換える数値をいいます。ディスカウントレート、またはハードルレートともいいます。割引率をrとしますと、リスクが高いほど、割引率(r)は高くなり、現在価値(PV)は小さくなります。

n年後に受け取る現金(C)の現在価値(PV present value)は、次の式で計算できます。

$$PV = \frac{C}{(1+r)^n}$$

例えば、割引率 r =5%の場合、10年後に100万円(C)であるためには、現在価値(PV)は61.4万円です（図6-2）。10年後の100万円(C)と、今日の現金61.4万円(PV)は、同じ価値になることがわかります。

<図6-2 年5%で運用した場合の将来価値>

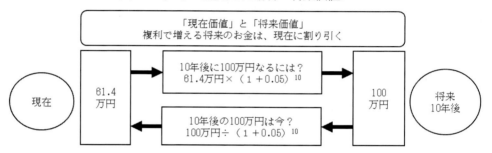

2．投資の意思決定方法
代表的な投資の意思決定方法として、次の4通りがあります。
1）正味現在価値法（NPV）
2）内部収益法（IRR）
3）ペイバック法（回収期間）
4）経済付加価値（EVA）

1）正味現在価値法（NPV net present value）
(1) NPV法とは
投資により生み出されるキャッシュフローの現在価値（PV present value）と、初期投資額を比較することで、投資を評価します。
現在価値は、将来受け取る金銭の今日の時点での価値をいいます。

NPV＝投資が生み出すキャッシュフローの現在価値－初期投資額

第6章　物流自動化設備投資

(2) NPV法による投資評価のステップ
①投資により生み出されるキャッシュフローを予測します。
②キャッシュフローの現在価値を計算します。

　　現在価値(PV)＝n年後に受け取る現金C÷（1＋割引率r）^{n}

③NPVを計算します。

　　NPV＝投資が生み出すキャッシュフローの現在価値－初期投資額

④NPVが正ならば投資を行い、NPVが負ならば投資をしません。

(3) 正味現在価値法（NPV法）による事例評価
＜設問＞
　うどん屋で100万円の自動製麺機を購入すると、向こう5年間で毎年21万円の利益が見込まれます。割引率を5%とした場合、この製麺機を買った方がよいのでしょうか？
＜回答例＞
①1年目から5年目までの利益は、105万円になります。
　　計算式：21万円＋21万円＋21万円＋21万円＋21万円＝105万円
　　製麺機の投資額が100万円ですから、＋5万円で良さそうに見えます。

②儲けを「現在価値」に直します。即ち、各年の利益であるキャッシュフロー(CF)を現在価値に割り引きます。
　　1年目を例にしますと、21万円÷（1＋0.05）^{1}＝20.0万円、
　　2年目では、21万円÷（1＋0.05）^{2}＝19.0万円
　　3年目では、21万円÷（1＋0.05）^{3}＝18.1万円
　　4年目17.3万円、5年目16.5万円になります(次頁図6-3)。

③1年目から5年目迄の利益を、現在価値に直しますと、90.9万円です。
　　投資額100万円よりも小さくなりますので、投資すべきではないとの結論になります。

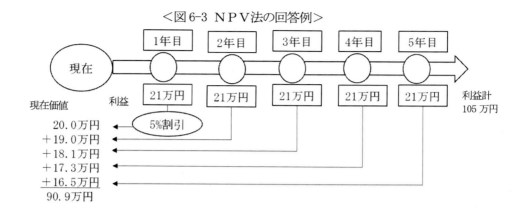

<図6-3 NPV法の回答例>

2）内部収益法（IRR internal rate of return）

(1) IRRとは

IRR法は、同程度のリスクを持つ投資案件の利回り（ハードルレート）と、当該投資機会の投資利回り（IRR）を比較することにより、投資を評価します。IRR（投資利回り）は、NPV（正味現在価値法）＝０となる割引率として定義されます（NPV＝投資が生み出すキャッシュフローの現在価値－初期投資額）。

初期投資額をCF$_0$（負）としますと、次の計算式になります。

$$CF_0 + \frac{CF_1}{1+IRR} + \frac{CF_2}{(1+IRR)^2} + \cdots + \frac{CF_n}{(1+IRR)^n} = 0$$

(2) IRR法による投資評価のステップ

①ハードルレート（同程度のリスクを持つ投資案件の利回り）を設定します。
②投資により生み出されるキャッシュフロー（利益）を予測します。
③IRR（当該投資機会の利回り）を計算します。
④IRRがハードルレートよりも大きければ投資を行い、小さければ投資をしません。

　　　　IRR＞ハードルレートであれば、投資をします。
　　　　IRR＜ハードルレートであれば、投資をしません。

第6章　物流自動化設備投資

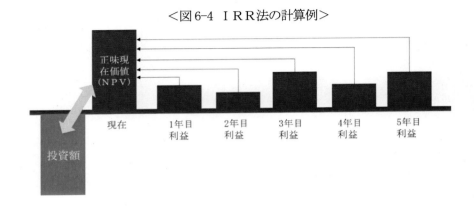

<図6-4　ＩＲＲ法の計算例>

3）回収期間法（ペイバック法）

　初期投資は、投資を回収するべき期間（カットオフ期間）に回収されるべきだという考え方に基づきます。例えば、1000万円を投資すると、毎年100万円を生み出す場合、回収期間は10年となります。

　ペイバック法は直感的に理解しやすく、実際に広く使われています。但し、金銭の時間的価値の概念が考慮されていないこと、カットオフ期間（投資を回収すべき期間）以降のキャッシュフローが考慮されていない等で、必ずしも望ましい評価手法とは言えません。

参考：上記1）～3）は、『新版MBAマネジメントブック』グロービス・マネジメント・インスティチュート著を筆者編集

4）経済付加価値（EVA economic value added）

（1）EVAとは

　EVAは、企業の営業活動による税引き後営業利益（NOPAT）から、調達資金にかかるすべての資本コスト（WACC）を差し引いたものを、企業の真の利益（付加価値）として認識しています。

　資本コスト支払い後に企業の付加価値を増大させ、ひいては株主価値を増加させる考え方です。

　資本コスト負担の有無が、EVAに大きな影響を与えます。新規投資や、資産除却時の投資を評価するには、EVAが、適切ではないかと考えております。EVAは、営業利益の拡大と資産の圧縮が評価基準となります。

第2節　投資とファイナンス

　投資案件が対象とするコストメリットを評価して、営業利益が上がるかどうかを判断できます。
　投資判断として、EVAが少なくともゼロ以上、即ち、投下資本を回収できているかどうかを金額で判断できます。

（2）ある年度のEVA（EVA_n）を求める計算式

$$EVA_n = NOPAT_n - WACC \times Capital_{n-1}$$

・$NOPAT_n$（net operating profit after tax）：n年度の税引き後営業利益

・WACC（weighted average cost of capital）：加重平均資本コスト

・$Capital_{n-1}$：n年度期初（n-1年度末）の投下総資本

<表6-2 EVA評価の事例>

	EVA計算勘定科目	計算式	項目	1年目(百万円)	(2～7年は略)	合計(百万円)
減少費用	1．投資による庫内費削減効果費用		A	56		392
	2．設備廃棄による保全費削減額		B	18		123
	計	C=A+B	C	74		515
増加費用	減価償却費		D	26		184
	修繕費・税・保険		E	5		33
	計	F=D+E	F	31		217
	営業利益の増加	G=C-F	G	43		298
	税金（実効税率42%とする）	H=G×42%	H	18		125
	税引き後営業利益（NOPAT）の増加	I=G-H	I	25		173
投下資本	建物		J	24		168
	設備		K	179		1253
	除却設備の期首簿価		L	△123		△641
	計	M=J+K+L	M	80		780
	資本コスト（5%）の増加（WACC）	N=M×5%	N	4		39
	EVAの増加	O=I-N	O	21		134
	現在価値EVA（割引率5%）	P=O×95%	P	20		127
	税引き後控除損永年割引資本コスト		Q	10		71
	EVA（確定後）	R=P-Q	R	10		56

コストは削減されますか（メリット）
コストはいくら発生しますか
税引き後営業利益はありますか
投資には資本コストがかかります
EVAは黒字ですか

注．EVAは、米国コンサルティング会社のスターン・スチュワート社の登録商標です。

第6章　物流自動化設備投資

(3) WACCとは

WACC (weighted average cost of capital) は、加重平均資本コストです。企業が調達するお金には、銀行からの借入や社債などがあり、金利がかかります。また、株主に対しては、配当や株価上昇による利益などが求められます。これらをひっくるめたトータルの資本コストをWACCと呼びます。

WACCは、企業にお金を提供する銀行など債権者や株主から期待されている儲けの水準と言い換えられます。投資家が期待する儲けは、企業から見れば資本コストとなります。投資に踏み切るかどうか判断するには、これを超える儲けが見込めるかどうかです。

資本コストは、大まかには「確実に儲かる金利」と「リスク」の二つによって決まります。

「確実に儲かる金利」とは、具体的には、ほぼ安全な運用対象である「国債」の利回りとするのが一般的です。

「リスク」に見合った期待リターンを上乗せします。よく使われるのがCAPM (capital asset pricing mode キャップエム) と呼ばれる理論です。株式全体の値動きを基準とし、それとどれだけ連動しているかによって、リスクの大きさを測ります。βと呼ばれる係数が1であれば株式全体と同じです。数が大きくなるほどリスクが大きいと判定され、求められるリターンも大きくなります。

(4) WACCの計算式

$$\boxed{\text{WACC}} = \text{株主資本コスト} \times \frac{\text{株主資本}}{\text{株主資本}+\text{負債}} + \text{負債コスト} \times (1-\text{実効税率}) \times \frac{\text{負債}}{\text{株主資本}+\text{負債}}$$

第2節　投資とファイナンス

WACCの用語説明

WACC	現在価値を計算する時の割引率になります。日本企業のWACCの目安は5〜8%でしょう。
株主資本コスト	配当など株主に払わなければいけないコストです。CAPMで求めます。
株主資本／ (株主資本＋負債)	株主資本は時価総額を用います。
負債コスト	銀行など債権者、社債の引き受け手などに支払うコストです。
実効税率	支払利息は税務では損金に算入され、その分節税効果がありますので、負担から差し引きます。
負債／ (株主資本＋負債)	原則としては、負債も時価ベースで求められますが、実務では簿価ベースとします。

(5) 株主が求める期待リターン

株主資本コスト ＝ リスクフリーレート ＋ ベータ（β）× マーケットリスクプレミアム

株主資本コストの用語説明

株主資本コスト	上記用語説明WACCの項を参照。例：5〜7%
リスクフリーレート	最低限期待される利回りです。最も安全な投資対象とされる国債の利回りがよく使われます。例：長期金利1%
ベータ（β）	投資対象銘柄のリスクが市場全体に対してどれほど高いか。市場平均と同じ場合は1になります。例：β値1
マーケットリスクプレミアム	株式市場全体の利回りです。国債と比べて上乗せされる分です。例：マーケットリスクプレミアム6%

第3節　自動化設備投資モデル

1．投資モデルⅠ／物流センター自動化
1）モデルの物量と生産性
　自動化設備投資を行う時にモデルを使って投資可能額の試算をしてみます。
①物流センターでは、出荷金額187億円/年を想定しています。
　　年間312日稼働（6日/週×52週稼働）
　　平均出荷金額60百万円/日（187億円/年÷312日）
②受注
　・対象の企業数13社としますので、13物流センターに納品します。
　　企業別に店別納品又は総量納品（モデルでは店別納品とします。）
　・1日当り平均受注数（平均出荷数）：
　　ケース数5,000ケース/日、ピース数200,000ピース/日。
　・店別納品における店別受注数の確認事項は次の項目がありますが、モデルでは未設定とします。
　　　受注伝票の1行当り平均ピース数と延行数（延アイテム数）
　　　ケース出荷数（ピース換算出荷数）とピース出荷数の比率
③庫内作業と配送の1日当りの平均物量は、次の通りに設定します。
　・入荷・格納15,000ケース/日
　・ケース出庫5,000ケース/日（ケース入数20ピース）
　・ピース出庫200,000ピース/日（オリコン入数40ピースとして5,000オリコン/日、）
　・ピース出庫用在庫への補充10,000ケース/日（ケース入数20ピース）
　　（ピース出庫200,000ピース/日÷20ピース/ケース）
　・出荷用に荷揃えして配送する物量は10,000口/日
　　（ケース出荷数5,000ケース/日＋ピース出荷数5,000オリコン/日）
　　受注先13企業の平均出荷金額4,715千円/日社と、出荷口数769口/日社
④保管300,000ケース
⑤作業工程毎の標準人時生産性を設定して、1日当りの必要人時数を1,231人時とします（174頁表6-3）。必要人時数の人数内訳は、次の通りです。
　・入荷するトラック台数40台（平均375ケース/台×40台＝15,000ケース）

第3節　自動化設備投資モデル

　　・ケース系統作業に64人
　　・ピース系統作業に64人
　　・出荷配送台数10トン車13台（10,000口/日、769口/日台）
⑥人時数がかかる工程（表6-3に基づく）
A．モデルにしています作業の内、人時数が一番かかるのが、「ピースピンキング」の40.6%です。投入している人時数からは、ピースピッキングの自動化を図ることが一番の課題です。
B．積み降ろし、積み付け、積み込みの工程を合わせると、27.7%です。
　内訳は、「積み降ろし」工程が22.3%です。
「積み付け」や「積み込み」の工程は5.4%です。
C．「格納・保管」「補充」「ケース出庫」にかかる構成比は、23.1%です。
D．「配送」は、人時構成比は8.4%です。
　小売業の物流センターでの待機時間等を考えると、人時数はもっと減少できるでしょう。
⑦物流費
　企業の物流費としてみますと、庫内作業費と配送費が掛かっています。
　物流費の構成比は各々50%ずつとします。
　入荷時の積み降ろし工程にかかる費用は、納入側の原価に算入されていますので、かかる費用は不明です。

　以上のモデル値を一覧（表6-3次頁）にしておきます。このモデルは、自動化設備能力の目安にもなります。即ち、設備能力を検討する時に、人と同等以上の能力を設定する目安になります。

第6章　物流自動化設備投資

<表6-3　モデルの生産性と人時数>

項目	庫内 積み降ろし・入荷・検品	格納保管	補充	ケース出荷	ピース出荷	仕分積み付け荷揃え	配送（積込含む）	備考
①物量	15,000ケース	15,000ケース	10,000ケース	5,000ケース	200,000ピース	10,000口	10,000口	保管300千ケース
②標準生産性	75c/h	200c/h	150c/h	70c/h	120c/h	400p/h	150口/h	積載800口/台→大型13台　C:ケース, h:時間　P:ピース
③人時・台時 (①÷②)	200台時	75人時	100人時	143人時	42人時	500人時	67人時	104台時	1,231人時/日（配送除く927人時/日）
④人数、台数	40台(40人)	15人	14人	20人	6人	64人	9人	13台(13人)	庫内128人　車両53台(人)　計181人
		ケース系統 64人（仕分・荷揃え含む）				64人	—		
⑤就業時間	5.0時	5.0時	7.2時	7.2時	7.0時	7.9時	7.5時	8.0時	就業8時間内
⑥人時構成比	16.2%	6.1%	8.1%	11.6%	3.4%	40.6%	5.4%	8.4%	100.0%
		34.7%							
⑦費用構成比	原価算入	50%						50%	100.0%

<モデル設定時の仮設数値の補足>

注1. 1ピース当り平均納入価格：200円/ピース
　　{60百万円/日÷（ケース出荷ピース換算数100千p/日＋ピースピッキング数200千p/日）}

注2. 1口当り平均納品金額：60百万円/日÷10,000口/日＝6,000円/口。

注3. 人時（MH）＝物量÷標準人時生産性

注4. ピッキング作業時間＝準備等時間＋ピッキング時間＋移動時間
　・準備等時間は、1回の作業に取り掛かる時間と作業終了時の固定時間（秒/回）
　・ピッキング時間＝ピッキング秒数（秒/個）×個数
　・移動時間＝移動秒数（秒/m）×{往復の移動平均距離m＋商品間の移動平均距離m×（行数－1）}

　ピッキング作業時間は、69頁を参照。

注5. 小売業物流センター13箇所に納品します。
　・配送所要時間＝積込1時間＋往復4時間＋積み降ろし2時間（待機時間含む）＋休憩1時間、計8時間とします。

2）投資可能額

　ケース作業やピース作業を無人化しますと、投入しています人数分の年間人件費が節約できます。したがって、ケース作業、ピース作業ともに、各々208百万円/年の節約ができます（計算式下記参照）。
　また、設備を7年間で減価償却し、残存簿価はゼロとします。
　年間出荷金額187億円のモデルにおけるケース作業もしくはピースピッキング作業を無人化する時の設備投資可能額は、各々1,454百万円です。

節約できる人件費と設備投資額の計算式
①ケース作業
　年間人件費節約額：
　64人×1,300円/時×8時間/日×312日/年＝207,667,200円/年
　設備投資可能額：207,667,200円/年×7年＝1,453,670,400円
②ピース作業
　年間人件費節約額：
　64人×1,300円/時×8時間/日×312日/年＝207,667,200円/年
　設備投資可能額：207,667,200円/年×7年＝1,453,670,400円

<表6-4 モデルにおける自動化の対象と人件費、投資可能額>

作業工程		物量(日当り)	人時	人数	人件費節約額	設備投資可能額
ケース	入荷	15,000ケース	75人時	64人	208 百万円/年	1,454 百万円
	格納	15,000ケース	100人時			
	出庫	5,000ケース	42人時			
	補充	10,000ケース	143人時			
	出荷	10,000口	67人時			
ピース	出庫	200,000ピース	500人時	64人	208 百万円/年	1,454 百万円/年
計			927人時	128人	416 百万円/年	2,908 百万円/年

第6章　物流自動化設備投資

3）ＥＶＡによるモデルの試算
（１）モデルⅠ

　ケース作業、またはピース作業を完全に無人化し、14.5億円を投資した時のＥＶＡ試算をします。投資によって庫内作業費は要員の人件費分だけ節約、即ち、コスト削減できます。その額が208百万円です（表6-5減少費用）。

　一方、投資に伴って減価償却費や修繕費等の経費が発生しますので、その経費が249百万円です（表6-5増加費用）。

　税引き後営業利益は、(減少費用－増加費用＝営業利益)×(1－税率42％)ですので、税引き後営業利益が、初年度は△41百万円の赤字になります（表6-5営業利益と税引き後営業利益）。

　投資額は、1,454百万円です。資本コストを5％としますと、73百万円/年が資本コストとして計上されます（表6-5投下資本と資本コスト）。

　ＥＶＡの初年度は、△114百万円となり、7年後のＥＶＡは△51百万円、累計ＥＶＡは△578百万円になります。

　以上の通りに、モデルⅠは、税引き後営業利益が赤字です。資本コストを差し引くと、ＥＶＡは更に赤字になります。

　投資はしないことです。

<表6-5　ＥＶＡ試算モデルⅠ>　　　単位：百万円

	EVA計算勘定科目	計算式	項目	1年目	2年目	3年目	4年目	5年目	6年目	7年目	合計
減少費用	1.投資による庫内費用削減効果費用（ケース要員、又はピース要員ゼロ化）計	C＝A+B	A B C	208 208	208 208	208 208	208 208	208 208	208 208	208 208	1,456 1,456
増加費用	減価償却費（設備投資1,454百万円÷7年）修繕費・税・保険（償却費の10％相当）人件費（オペレーションエンジニア2人）計	G＝D+E+F	D E F G	208 21 20 249	208 21 20 249	208 21 20 249	208 21 20 249	208 21 20 249	208 21 20 249	208 21 20 249	1,456 147 140 1,743
営業利益の増加		H＝C－G	H	△41	△41	△41	△41	△41	△41	△41	△287
税金（実効税率42％とする）		I＝H×42％	I	0	0	0	0	0	0	0	0
税引き後営業利益〈NOPAT〉の増加		J＝H－I	J	△41	△41	△41	△41	△41	△41	△41	△287
投下資本	設備（投資額1,454百万円）計	M＝L	L M	1,454 1,454	1,246 1,246	1,038 1,038	830 830	622 622	414 414	208 208	5,810 5,810
資本コスト（5％）の増加（WACC）		N＝M×5％	N	73	62	52	42	31	21	10	291
EVAの増加		O＝J－N	O	△114	△103	△93	△83	△72	△62	△51	△578

176

第3節　自動化設備投資モデル

(2) モデルⅡ

モデルⅠを初年度よりEVAを黒字化するためには、どうすればよいのでしょうか。

モデルⅠと同じように、投資額を1,454百万円としますと、EVAが初年度より黒字になる為には、資本コスト73百万円と同額の税引き後営業利益が出ることです。そのためには、営業利益が126百万円必要です。

初年度のメリット（物流費減少費用）が少なくとも375百万円必要です。つまり、自動化による無人化の費用減少効果208百万円の他に、「他の効果」として、167百万円のメリットを生み出せるかにあります。

しかし、「他の効果」を期待することは、難しいことです。

敢えて言えば、ピッキング等の作業をする人がいなくなることへのリスク対応処置として、自動化の投資を行うことになります。

＜表6-6　EVA試算モデルⅡ＞

EVA計算勘定科目		計算式	項目	1年目	2年目	3年目	4年目	5年目	6年目	7年目	合計
減少費用	1. 投資による庫内費削減効果費用		A	208	208	208	208	208	208	208	1,456
	2. 他の効果		B	167	167	167	167	167	167	167	1,169
	計	C=A+B	C	375	375	375	375	375	375	375	2,625
増加費用	減価償却費（1,454百万円÷7年間）		D	208	208	208	208	208	208	208	1,456
	修繕費・税・保険（償却費の10%相当）		E	21	21	21	21	21	21	21	147
	人件費（オペレーションエンジニア2人）		F	20	20	20	20	20	20	20	140
	計	G=D+E+F	G	249	249	249	249	249	249	249	1,743
営業利益の増加		H=C−G	H	126	126	126	126	126	126	126	882
税金（実効税率42%とする）		I=H×42%	I	53	53	53	53	53	53	53	371
税引き後営業利益（NOPAT）の増加		J=H−I	J	73	73	73	73	73	73	73	511
投下資本	設備		L	1,454	1,246	1,038	830	622	414	206	5,810
	計	M=L	M	1,454	1,246	1,038	830	622	414	206	5,810
資本コスト（5%）の増加（WACC）		N=M×5%	N	73	62	52	42	31	21	10	291
EVAの増加		O=J−N	O	0	11	21	31	42	52	63	220

第6章　物流自動化設備投資

（3）モデルⅢ
　ＥＶＡが黒字化になるにはどうするかといえば、無人化の設備投資額14.5億円を半減化すれば可能です。投資額を727百万円にした時の試算をしてみましょう。
　計算過程は、次の通りです。
　減少費用は、モデルⅠと同じく、208百万円です。
　増加費用は、減価償却費（104百万円）と修繕費（10百万円）及び、人件費（オペレーションエンジニア2人）20百万円としますので、計134百万円になります。
　営業利益は74百万円（減少費用208百万円－増加費用134百万円）、
　税引き後営業利益は43百万円の黒字です。
　投下資本は727百万円ですので、資本コスト(5%)は36百万円計上されます。
　ＥＶＡの初年度は、7百万円の黒字（税引き後営業利益は43百万円－資本コスト36百万円）、
　7年後のＥＶＡは38百万円、累計ＥＶＡは156百万円になります。
　従って、投資は可能と判断します。

<表6-7　ＥＶＡ試算モデルⅢ>

	EVA計算勘定科目	計算式	項目	1年目	2年目	3年目	4年目	5年目	6年目	7年目	合計
減少費用	1．投資による庫内費削減効果費用（ケース要員、又はピース要員ゼロ化） 計	C＝A+B	A B C	208 208	208 208	208 208	208 208	208 208	208 208	208 208	1,456 1,456
増加費用	減価償却費（727百万円÷7年） 修繕費・税・保険（減価償却費の10%相当） 人件費（オペレーションエンジニア2人） 計	G＝D+E+F	D E F G	104 10 20 134	104 10 20 134	104 10 20 134	104 10 20 134	104 10 20 134	104 10 20 134	104 10 20 134	728 70 140 938
営業利益の増加		H＝C－G	H	74	74	74	74	74	74	74	518
税金（実効税率42%とする）		I＝H×42%	I	31	31	31	31	31	31	31	217
税引き後営業利益（NOPAT)の増加		J＝H－I	J	43	43	43	43	43	43	43	301
投下資本	設備（投資額727百万円） 計	M＝L	L M	727 727	623 623	519 519	415 415	311 311	207 207	103 103	2,604 2,604
資本コスト（5%）の増加（WACC)		N＝M×5%	N	36	31	26	21	16	10	5	145
EVAの増加		O＝J－N	O	7	12	17	22	27	33	38	156

第3節　自動化設備投資モデル

（4）設備投資比較

モデル1は、自動化設備の投資額を14.5億円にした時です。EVAが初年度より赤字になるケース（前述モデルⅠ）です。

モデル2は、自動化設備の投資額を7.3億円にした時です。EVAが初年度より黒字のケース（前述モデルⅢ）です。

モデル1と、モデル2の「物量単位当りの設備投資金額」を算出しておきます。1ケース当り金額では、モデル1は66.7円/口、モデル2は33.4円になります。1ピース当り金額では、モデル1は3.33円/口、モデル2は1.67円になります（表6-8）。

<表6-8　物量単位当りの設備投資金額>

作業工程		物量（日当り）	モデル1設備投資額	モデル1減価償却費	物量単位当り金額	
					モデル1	モデル2
ケース	出荷	10,000口	1,454百万円	208百万円	66.7円/口	33.4円/口
ピース	出庫	200,000ピース	1,454百万円	208百万円	3.33円/ピース	1.67円/ピース

注：物量単位当りの設備投資金額の計算式：

　　設備投資額÷償却期間（7年）÷312日/年÷日当り物量

モデル3は、非自動化設備（パレットラックやコンピュータ等の投資額3億円）の時とします。モデル3は、設備は非自動化ですので、投資は3億円で済みますが、ケース及びピースピッキングに人が関わります。

各々のモデルにおける年間総費用を、固定費（投資等）と変動費（作業費）に分けて比較します（次頁表6-9）。

モデル1（自動化設備）は、総費用が79.8円/口、モデル2（自動化設備）は、同42.9円/口、モデル3（非自動化設備）は、同81.8円/口です。

明らかにモデル2が優位です。

また、モデル2は、EVAにおいても初年度より黒字化しています（前出モデルⅢの試算）。モデル2の投資額であれば、非自動化設備と比較しても無人化する意味が出ます。物量単位当りの設備投資額から見まして、投資が可能な範囲の金額と推定できます。

第6章 物流自動化設備投資

<表6-9 ケースの設備投資を固定費と変動費で比較>

設備投資比較項目		モデル1. 自動化設備	モデル2. 自動化設備	モデル3. 非自動化設備
年間出荷物量（M.口数）		3,120千口	同左	同左
設備投資	A.投資額 B.設備償却費　（A÷償却年数7年）	1,454百万円 208百万円	727百万円 104百万円	300百万円 43百万円
維持経費	C.年間の設備修繕費・保守要員人件費	41百万円	30百万円	4百万円
1口当り 固定費	D.設備償却費　　　（B÷M） E.年間維持経費　　（C÷M） F.固定費計　　　　（D＋E）	66.7円/口 13.1円/口 79.8円/口	33.3円/口 9.6円/口 42.9円/口	13.8円/口 1.3円/口 15.1円/口
1口当り 変動費	G.年間庫内作業費 H.1口当り庫内作業費（G÷M）	0 0	0 0	208百万円 66.7円/口
総費用　　（F＋H）		79.8円/口	42.9円/口	81.8円/口

2．投資モデルⅡ／種蒔仕分のロボット化案
1）目的
　種蒔仕分ロボットと自立走行用のAGVを一体化した自立走行型種蒔仕分ロボットを導入する時の台数と採算ラインを検討します。

2）モデルの検討対象
　想定していますモデルは、自社の在庫や外部取引先から総量納品された商品を店別カテゴリー別に仕分します。作業工程は、商品を「前処理」でアイテムと数量の検品を行い、店別カテゴリー別に「ピース種蒔仕分」をします。この工程の内、対象とします工程は、「ピース種蒔仕分工程」です。
　仕分先の間口等の設備はそのまま活用し、ピース種蒔仕分をロボット化して無人化するとします。

<表6-10　現状の何処をロボット化するか>

作業工程		前処理	ピース種蒔仕分工程
現状	設備	前処理設備	・前処理から仕分設備迄コンベア搬送 ・仕分設備（仕分2016間口と制御） 　間口投資額180百万円
	人数	前処理要員 27人	・前処理からのトレイ取出し要員8人 ・種蒔仕分要員48人 ・計56人 ・作業費182百万円/年
ロボット化の対象	設備	前処理設備	・仕分作業をロボット化して無人化します。 ・前処理から仕分設備迄のコンベア搬送、仕分設備、間口投資額180百万円は、現状のまま活用します。
	人数	前処理要員 27人	・ロボットの必要台数と投資額は、いくらになるか？いくらにすればよいか？

第6章　物流自動化設備投資

3) ロボットによる処理概要

　前処理で作られたアイテム別のトレイが、仕分設備迄コンベア搬送されてきます。仕分先である間口（8ユニット、全2016間口）は、現状のまま活用します。種蒔仕分の作業は、人に変わって、ロボット化します。対象になる全商品を種蒔するためのロボットハンド等は開発されていることとします。ロボットの処理概要は次の通りです。

<図6-5 仕分設備/前処理と種蒔ユニット>

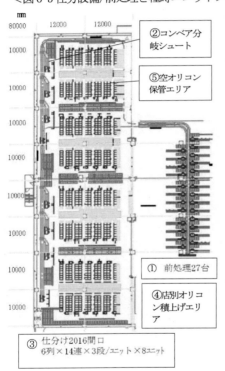

① 「前処理」から
② 「コンベア分岐シュート」（8分岐）迄搬送されたトレイを、ロボットが把持して、所定ユニットの「間口」（8ユニット×252間口/ユニット）迄、自走して運びます。

③ロボットが指示された「間口」に到着しますと、ロボットがトレイから商品を把持し、指示された個数を間口にセットされた「オリコン」に投入します。この作業をトレイの商品がなくなるまで間口毎に繰り返します。
　種蒔作業完了後、ロボットはコンベア分岐シュート迄戻ります。次のトレイにかかります。

④ロボットは、間口から「満載オリコン」を取り出し、「店別オリコン積上げエリア」に自走し、オリコンを積み上げます。

⑤ロボットは、空になった間口に「空オリコン」を自走してセットします。

第3節　自動化設備投資モデル

4）ロボット投資額の採算ライン
（1）種蒔仕分のロボット検討モデルの設定値
・総量納品された商品を店別カテゴリー別に種蒔仕分をするピース数：
　100,000 ピース/日
・前処理で発生するトレイ数：延20,000 トレイ（アイテム）/日
　　100,000 ピース/日÷5 ピース/アイテム＝20,000 トレイ（アイテム）
・納品するオリコン数：4,000 オリコン（100,000 ピース÷25 ピース/オリコン）
・種蒔作業の間口数：2,016 間口（8ユニット）
　　　（6列×14連×3段＝252 間口/ユニット）×8ユニット
・間口回転数：約2回転（4,000 オリコン÷2,016 間口）
・種蒔要員56人の年額人件費：181,709 千円/年
　　56人×@1300円/時×8時間/日×312日/年＝181,708,800円/年

（2）ロボット必要台数と採算
　モデルの出荷ピース数は100,000 ピース/日です。種蒔仕分に要する時間を1日当り8時間とします。物量が跳ねて200,000 ピース/日になっても1日当り16時間で出荷できるようにします。
　ロボットの作業時間や移動時間から1日当り100,000 ピースを8時間で出荷できるには、ロボットを106台用意することになります（次頁表6-11）。
　ロボット106台と、その稼働に必要なシステム一式の投資額の採算ラインを検討します。
　投資による庫内作業費削減効果（種蒔要員56人削減）は182百万円です。既設間口の設備投資額は180百万円です。
　ロボットの設備投資額560百万円としますと、ＥＶＡの評価では初年度△6百万円、次年度△1百万円の赤字になりますが、3年目以降のＥＶＡは黒字になり、ＥＶＡ累計も67.94百万円の黒字になります（表6-12次頁）。
　ロボットへの投資額560百万円に含まれている機器の開発費、製造費、販売費等を1台当りに換算しますと、5,283 千円/台です。大凡、社員1人分の年収に相当します。
　ピースピッキングの自動化・ロボット化の市場は十分にあるでしょう。

第6章　物流自動化設備投資

<表6-11　ロボットの必要台数算出>

ロボット作業項目	物量	平均移動距離	ロボットの作業と移動の生産性	ロボットの作業時間と移動時間	8時間稼働時の必要台数
②コンベア分岐シュート毎に搬送されたトレイを、ロボットが把持して、所定間口迄トレイを運ぶ	20,000 トレイ	40m/トレイ	作業10秒/トレイ×2、移動60m/分（1m/秒）	作業111時間 移動223時間 計 334時間	88台
③ロボットが間口毎に種蒔作業をする	100,000 ピース	40m/トレイ	作業700ピース/人時、移動60m/分	作業143時間 移動223時間 計 366時間	
④間口から満載オリコンを取り出し、店別積上げエリアにオリコンを積む	4,000 オリコン	50m/オリコン	作業10秒/トレイ、移動60m/分	作業12時間 移動56時間 計 67時間	9台
⑤ロボットは、空になった間口に空オリコンをセットする	4,000 オリコン	50m/オリコン	作業10秒/トレイ、移動60m/分	作業12時間 移動56時間 計 67時間	9台
計	－	－	－	834時間	106台

<表6-12　ロボット化の許容投資額>

仕分設備のロボット化と許容投資額　　　　　　　　　　　　　単位：百万円

	EVA計算勘定科目	計算式	項目	1年目	2年目	3年目	4年目	5年目	6年目	7年目	合計
減少費用	1. 投資による庫内費削減効果費用		A	182	182	182	182	182	182	182	1,274
			B	0	0	0	0	0	0	0	0
	減少費用計	C=A+B	C	182	182	182	182	182	182	182	1,274
増加費用	減価償却費（間口設備投資180百万円÷7年）		D1	26	26	26	26	26	26	26	182
	減価償却費（ロボット設備投資560百万円÷7年）		D2	80	80	80	80	80	80	80	560
	修繕費・税・保険（減価償却費*10%）		E	12	12	12	12	12	12	12	84
	人件費（オペレーションエンジニア2名）		F	20	20	20	20	20	20	20	140
	増加費用計	G=D+E+F	G	138	138	138	138	138	138	138	966
営業利益の増加		H=C-G	H	44	44	44	44	44	44	44	308
税金（実効税率42%とする）		I=H*42%	I	18.48	18.48	18.48	18.48	18.48	18.48	18.48	129.36
税引き後営業利益(NOPAT)の増加		J=H-I	J	25.52	25.52	25.52	25.52	25.52	25.52	25.52	178.64
投下資本	設備（投資額740百万円、減価償却費106百万円）		L	634	528	422	316	210	104	0	
	投資額計	M=L	M	634	528	422	316	210	104	0	
資本コスト（5%）の増加(WACC)		N=M*5%	N	31.7	26.4	21.1	15.8	10.5	5.2	0	110.7
EVAの増加		O=J-N	O	-6.18	-0.88	4.42	9.72	15.02	20.32	25.52	67.94

第３節　自動化設備投資モデル

<第６章のまとめ>

　現在、ＡＩやロボットに関しては、急激な進歩を遂げてきています。自動化の技術レベルは、ロボットハンドのように、まだ課題があります。しかし、企業経営上、労働力不足を見越して、庫内作業の自動化を図ることは、意義があります。その為には、経営上、物流の自動化設備に投資して、利益が出るかどうかであり、評価軸を明確にしておくことです。また、自動化設備は、物流センターでは共通した課題ですので、市場性は十分にあります。
　第６章では、投資の意味とＥＶＡを説明し、物流の自動化設備投資の諸条件を検討するために、モデルを二つ取り上げています。
　モデルの一つ目は、年間出荷金額187億円の物流センターを対象にして、物流設備投資額の採算性をＥＶＡで検討しています。
　モデル事案は、ケース作業に64人/日、物量は入荷・格納15千ケース/日、補充1万ケース/日、出荷1万口/日です。ピース作業に64人/日、物量は出庫20万ピース/日（5千オリコン/日）と設定しています。
　ケース作業、又はピース作業を無人化する設備投資を、各々投資額727百万円を目途にして行うのであれば、企業経営上、投資する意味があり、物流設備の自動化が可能です。
　二つ目のモデルは、庫内作業の内、ピースを店別カテゴリー別に種蒔仕分するロボット化を取り上げています。
　ロボットの生産性とロボット一式の価額がいくらぐらいであれば、導入が可能か、採算が合うのかを検討しています。ロボットを作る側も導入する側も目安になるかと思います。
　物流設備の自動化は、人に代わって物流作業を行うことですが、人が人らしくあるとはどういうことなのかを考えておくことです。自動化に向かって、ソフト的にも、ハード的にも、技術開発を行うことであり、資本投下することになります。ＡＩを使ったソフト開発や、ロボットを使った技術革新を図れば、もっと賢く物流を動かすことができるでしょう。物流現場を無人化し、物流の生産性を革新的に向上させることができます。

参考図書

『製配販サプライチェーンにおける物流革新　企画・設計・開発のエンジニアリングと運営ノウハウ』尾田寛仁著　三恵社 2015 年 2 月
『経営実務で考えたマネジメントとリーダーシップの基本』尾田寛仁著　三恵社 2015 年 4 月
『物流エンジニアリングの温故知新』尾田寛仁著　三恵社 2015 年 12 月
『卸売業の経営戦略課題』尾田寛仁著　三恵社 2016 年 6 月
『仮想共配プロジェクト　卸売経営戦略と共配物流の事業化』尾田寛仁著　三恵社 2017 年 6 月

著者プロフィール

尾田 寛仁 （おだ ひろひと）

1948年山口県に生まれる
1971年九州大学法学部卒業
1978年九州大学経済学部会計学研究生修了
1971年～1976年日本ＮＣＲ株式会社。プログラム開発、客先システム設計及び、営業エンジニアに従事する。
1978年～2006年9月花王株式会社。販売を18年間、物流を9年間、及び経営監査を1年半、順次担当する。
販売では、販売職、販売教育マネジャー、販売TCR担当部長、東北地区統括兼、東北花王販売株式会社社長を経る。
物流では、ロジスティクス部門開発グループ部長として、物流設備や物流システム開発部門を担当する。並びに、花王システム物流を1996年に設立し、副社長・社長に就任し、開発グループ部長と兼務する。
経営監査は、経営監査室長として花王の内部統制の構築を行う。
公認内部監査人(CIA)の資格を取得する(IIA認定国際資格、認定番号59760)。
公務では、金融庁より企業会計審議会内部統制部会作業部会の委員に任命され就任する(2005年9月～2006年9月)。
2006年10月～2014年12月中央物産株式会社。専務取締役に就任。物流本部長、管理本部長及び営業本部長を順次所管する。
2015年1月、物流システムマネジメント研究所を設立し、所長となる。
同年7月、日本卸売学会理事に就任する。
2016年5月、日本マテリアル・ハンドリング(ＭＨ)協会理事に就任する。

著書：
『製配販サプライチェーンにおける物流革新　企画・設計・開発のエンジニアリングと運営ノウハウ』三恵社2015年2月、『経営実務で考えたマネジメントとリーダーシップの基本』三恵社2015年4月、『物流エンジニアリングの温故知新』三恵社2015年12月、『卸売業の経営戦略課題』三恵社2016年6月、『仮想共配プロジェクト　卸売経営戦略と共配物流の事業化』三恵社2017年6月

Ｅメール：hirohitooda@yahoo.co.jp
携帯電話：090-5396-2955

物流自動化設備入門

2017年12月7日　初版発行
2020年8月4日　第二刷発行

著　者　　尾田　寛仁

発行所　　株式会社　三恵社
〒462-0056　愛知県名古屋市北区中丸町2-24-1
TEL 052(915)5211
FAX 052(915)5019
URL http://www.sankeisha.com

乱丁・落丁の場合はお取替えいたします。　　©2017 Hirohito Oda
ISBN978-4-86487-765-7 C2034 ¥2000E